中国学生素质拓展自助阅读

彩图版

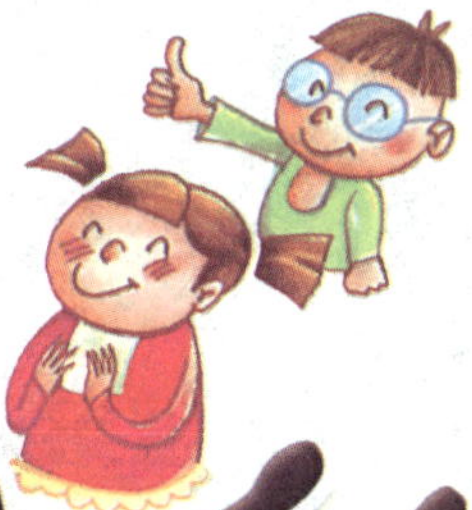

我为你喝彩

张培培/主编

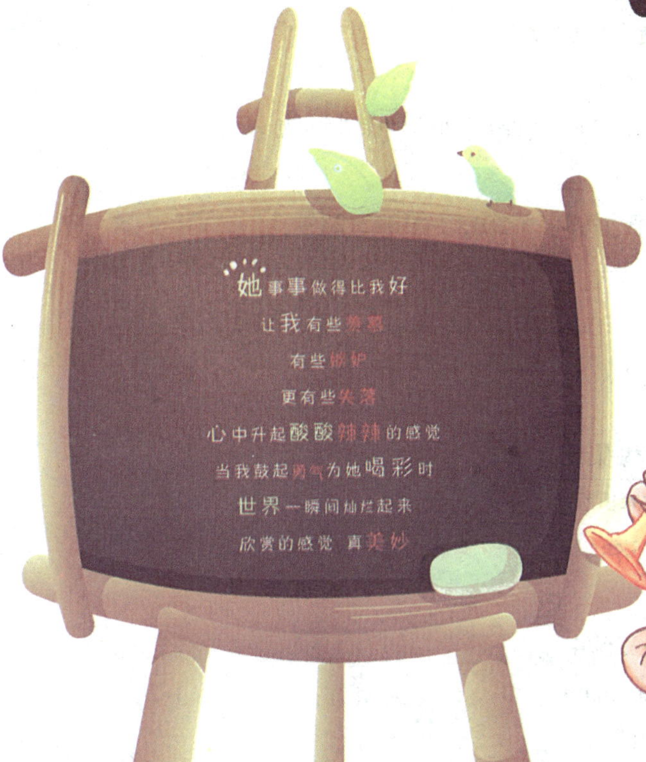
她事事做得比我好
让我有些羡慕
有些嫉妒
更有些失落
心中升起酸酸辣辣的感觉
当我鼓起勇气为她喝彩时
世界一瞬间灿烂起来
欣赏的感觉 真美妙

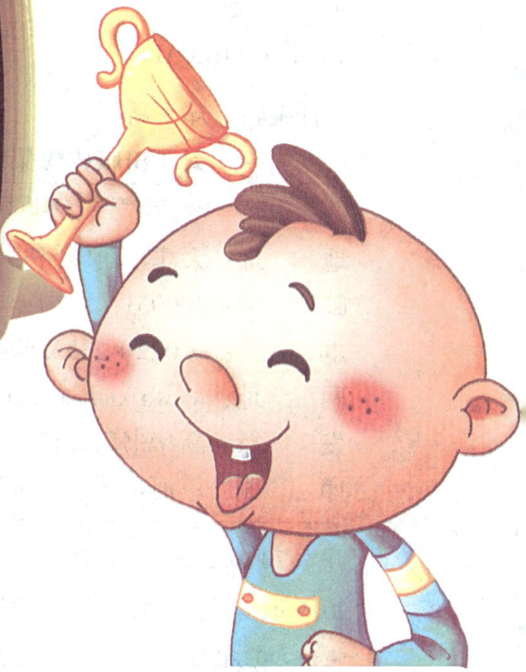

天津出版传媒集团
天津科学技术出版社

U0783154

图书在版编目（ＣＩＰ）数据

我为你喝彩 / 张培培主编. —天津：天津科学技术

出版社，2012.3（2019.6重印）

（中国学生素质拓展自助阅读）

ISBN 978-7-5308-6843-0

Ⅰ.①我… Ⅱ①张… Ⅲ.①阅读课–中小学–课外读物

Ⅳ.①G634. 333

中国版本图书馆CIP数据核字（2012）第042128号

我为你喝彩

WOWEINI HECAI

责任编辑：郑　新

出　　版：**天津出版传媒集团**

天津科学技术出版社

地　　址：天津市西康路35号

邮　　编：300051

电　　话：（022）23332674

网　　址：www.tjkjcbs.com.cn

发　　行：新华书店经销

印　　刷：三河市燕春印务有限公司

开本 700×1000mm 1/16　　印张 9　　字数 150 000

2019 年 6 月第 1 版第 3 次印刷

定价:29.80 元

　　读者们，作为一名学生，你的主要任务自然就是学习。要知道，学生阶段是一个人思维最活跃，对外界最好奇，求知欲也最强的阶段，也是每个人素质培养的奠基阶段。

　　可是，在学习的过程中，你也会遇到很多的烦恼。学校就像是一个小型的社会，你不光要与老师、同学相处，更要与自己那颗青春好动的心灵相处。

　　当遇到烦恼时，你会向谁倾诉呢？你又从何处获得帮助呢？强烈的自尊心也许让你不好意思把自己的秘密和朋友倾诉；告诉父母，又害怕他们说自己不专心学习；如果能有一个知心的朋友，倾听你的诉说，并守口如瓶地守护自己的秘密那就好了。

　　《中国学生素质拓展自助阅读》丛书就是这样的一个好朋友。它是我们专门送给你的礼物，帮你解决学生阶段大家最容易遇到的烦恼和困惑。它把素质拓展的理念融入丰富多彩的故事中，让你在轻松愉悦的阅读过程中得到成长。

　　丛书共分为八册，从思考创新、勇敢坚强、自信积极、欣赏他

人、宽容大度、勤学自律、诚实守信、感恩珍惜八个方面入手，所选内容专门针对大家在学习和生活中经常遇到的烦恼困惑，注重培养学生最应养成的良好习惯，为真正实现全方位拓展素质、提高能力打下基础。

丛书在选文上时刻关注学生群体的阅读习惯。书中有大量生动有趣的故事，情节丰富曲折，引人入胜。在道理的阐发上也紧密结合故事内容，自然、贴切，适合学生的阅读习惯。书中还特别设置了"轻轻告诉你"板块，启迪你去独立思考，真正达到自助阅读的目的。

本套丛书将成为你最忠实的伙伴，它不会泄露你的任何秘密；它鼓励你独立思考，养成良好的思维习惯；它帮助你控制自己的情绪，让你成为班级里的人气王；它鼓励你勇敢自信，让你知道做自己才是最美丽的；它提醒你学会感恩，对身边爱自己的人说声"谢谢"……

最重要的是，它让你坚信：求人不如求己，只有在自己心中埋下上进、积极的种子，你的素质才能真正得到拓展与提高。

目录

欣赏别人是快乐的

被人欣赏是幸福的

多一点欣赏，生活就会充满阳光

一次喝彩，改变了他的一生

美国医学博士弗雷德.J.爱泼斯坦，是纽约大学医疗中心儿童神经外科主任，世界上第一流的脑外科权威之一。他首创了不少高难度的外科手术——包括切除脊柱和脑血管上的肿瘤。然而，令人难以置信的是，这样的一位卓有成就者，在校求学时，却曾是一个有着严重学习障碍的学生。

爱泼斯坦博士在他的回忆录《我曾是智障者》一文中，讲述了自己求学的经历。他最不能忘怀的是他上小学五年级的时候，遇到了一位名叫默菲的老师。由于生理原因，爱泼斯坦遭遇了严重的学习障碍，尽管他尽了自己最大的努力，可仍不断遭受挫折和失败。他自认为比别人"笨"，就退却消沉，并开始装病逃学。默菲老师没有因他"笨"而轻视他，相反，满腔热情地鼓励他。

有一天课后，老师把爱泼斯坦叫到一边，将他的一张考卷递给他，那上面的答案都错了。

"我知道你懂这些题目，我们为什么不再来一次呢？"老师挨个

考问试题让爱泼斯坦回答。爱泼斯坦每答完一道题，老师都微笑着说：
"答得对！你很聪明，我知道你其实懂这些题目，我相信你的成绩会
好起来的。"他一边说一边给每个题目打上对钩。

默菲老师在爱泼斯坦的成长中起了多大的作用，我们无法估
量。有一点可以肯定，如果换一个老师，只知道指责爱泼斯坦不努
力，或者干脆把他视为差生，斥为"蠢笨"，也许，未来的医学奇
才就夭折在他的手里了。正是默菲老师的赞扬和鼓励，激发了爱泼
斯坦的信心，他才告别绝望，倔强地与命运抗争，不再认输，不再
懈怠，终于完成了正常人也不容易完成的学业，成为医学博士。

"你很聪明，我知道你其实懂这些题目"，一句喝彩的话，扬

起了一位少年的奋进之帆。喝彩能驱除消沉者心灵的阴影，使他们看到生活的美丽，看到希望的绚烂；喝彩能消融自卑者心灵的雾障，使他们信心百倍，勇气大增。一次小小的喝彩，甚至可以改变人的一生！

黑格尔在《生活的哲学》里讲述了这样的一则故事：一个被执行死刑的青年在赴刑场时，围观的人群中有个老太太突然冒出了一句："看，他那金色的头发多么漂亮迷人啊！"那个即将告别人世的青年闻听此言，朝着老人站的方向深深鞠了一个躬，含着泪大声地说："如果周围多一些这样的人，我也许不会有今天。"青年死刑犯的话让人深思。一个人老是生活在别人的指责、轻视甚至鄙视里，往往要么心灵泯灭、自甘平庸；要么心理变态，仇视他人和社会！而富有爱心的人饱含善意的喝彩，则能引导人走上人生的正途。

也许就是你的一个小小的喝彩，世界就多了一份亮丽！

萧何月下追韩信

项羽灭秦后，把六国旧贵族和有功的将领一共封了十八个王，自称为西楚霸王。

在十八个诸侯中，项羽最忌惮的是刘邦。他把刘邦封在偏远的巴、蜀和汉中，称为汉王；又把关中地区封给秦国的三名降将章

邯等人，让他们挡住刘邦，不让刘邦出来。

汉王刘邦对他的封地很不满意，但是自己兵力弱小，没法跟项羽计较，只好带着人马到封国的都城南郑（今陕西汉中东）去。

汉王到了南郑，拜萧何为丞相，曹参、樊哙、周勃等为将军，养精蓄锐，准备再和项羽争夺天下。但是他手下的兵士们却都想回老家，差不多每天有人开小差逃走，急得汉王连饭也吃不下。

有一天，忽然有人来报告："丞相逃走了。"

汉王急坏了，真像突然被人斩掉了左右手一样难过。

到了第三天早晨，萧何才回来。汉王见了他，又气又高兴，责问萧何说："你怎么也逃走？"

萧何说："我怎么会逃走呢？我是去追逃走的人呀。"

汉王又问他："你去追谁呢？"

萧何说："韩信。"

萧何所说的韩信，本来是淮阴人。项梁起兵以后，路过淮阴，韩信去投奔他，在楚营里当了个小兵。项梁死后，他又跟随项羽，项羽见他比一般兵士强，就让他做了个小军官。

韩信几次向项羽献计策，项羽都没有采用。韩信感到十分失望，后来投奔了汉王刘邦。

汉王开始也没有重用韩信，只给个小官让他当。有一次，韩

信犯了法被抓了起来，马上就要被砍头了。幸亏汉王部下一个将军夏侯婴经过，韩信高声呼喊，向他求救，说："汉王难道不想打天下了吗，为什么要斩壮士？"

夏侯婴看韩信的模样，真是一条好汉，就把他放了，还向汉王推荐了他。于是，汉王派韩信做了个管粮食的官。

后来，丞相萧何见到了韩信，经过交谈，他认为韩信很有才能，很器重他，还几次三番劝汉王重用他，但汉王总是不听。

韩信知道汉王不肯重用他，趁着将士纷纷开小差的时候，也找个机会走了。

萧何得到韩信逃走的消息，急得跺脚，立即亲自骑上快马追赶上去，追了两天，才把韩信找了回来。

汉王听说萧何追的是韩信，生气地骂萧何说："逃走的将军有十来个，你都不追，单单去追韩信，是什么道理？"

萧何说："一般的将军有的是，像韩信那样的人才，简直是举世无双。大王要是准备在汉中待一辈子，那就用不到韩信；要是准备打天下，就非用他不可。大王到底准备怎么样？"

汉王说："我当然要争天下了。"

萧何说："大王一定要争天下，就赶快重用韩信；不重用他，韩信早晚还是要走的。"

汉王说："好吧，我就依着你的意思，让他做个将军。"

萧何说："叫他做将军，还是留不住他。"

汉王说："那就拜他为大将吧！"

萧何很高兴地说："大王英明。"

汉王让萧何把韩信找来，想马上拜他为大将。萧何直爽地说："大王平日不大注意礼貌。拜大将可是件大事，不能像跟小孩闹着玩似地叫他来就来。大王决心拜他为大将，要择个好日子，还得隆重地举行拜将的仪式才好。"

汉王说："好，我都依你。"

汉营里传出消息，汉王要择日子拜大将啦。几个跟随汉王多年的将军个个兴奋得睡不着觉，认为这次自己一定能当上大将。

等到拜大将的日子，大家知道拜的大将竟是平日被他们瞧不起的韩信，一下子都愣了。

汉王举行拜将仪式以后，再接见韩信，说："丞相多次推荐将军，将军一定有好计策，请将军指教。"

韩信谢过汉王，向汉王详详细细地分析了楚汉双方的条件，认为汉王发兵东征，一定能战胜项羽。汉王越听越高兴，只后悔没早点发现这个人才。

从此，韩信就指挥将士，操练兵马，协助汉王打下了大汉江山。

苏轼出人头地

苏轼是北宋著名的文学家。宋仁宗嘉祐二年正月，苏轼走进了考场，参加礼部主办的省试，主考官为欧阳修，副考官为梅饶臣等人，考试的题目是《刑赏忠厚之至论》。苏轼当场一挥而就，作了一篇短文，语言明白晓畅、文意通达，见解独到深刻。

阅卷的梅饶臣，最能鉴赏这样真正优秀的古文，一看此卷，大加赞许，立刻推荐给欧阳修，要求录为第一。欧阳修看了也很惊叹，但因为考卷已经糊了名，看不出是谁所做，欧阳修担心是自己弟子曾巩所做，如果录为第一，难免惹人非议，所以他忍痛割爱，评为第二。

直到了放榜之日，大家才知道，原来这竟是一个名不见经传的小伙子所作。恐怕，天下只有苏轼一人，因为文章太好而屈居第

二名！

　　不过，谁都没有想到，这个才气纵横的青年竟敢在这样的考卷上开玩笑！在他的文章中，有一段话说：在尧帝的时候，司法官皋陶三次要判一个罪犯死刑，尧帝却三次都赦免了他。所以天下人都惧怕皋陶执法之严厉，而乐见尧帝用刑之宽仁。

　　当时的主考官都是学富五车之人，对于尧舜禹汤更是十分熟悉，但这段话却令梅饶臣与欧阳修都迷惑不解，实在想不起来这个事例出自何处。不过，作为前辈宿儒，连考生引用的典故都没读过，多少有点害羞，再说，就算他们肯不耻下问，在糊着名字的情况下，也不知道该问谁。幸好，他们都不是心胸狭隘的较真之人，没有追究这个问题。后来，他们曾就此问过苏轼，没想到苏轼老老实实地

承认了：这是我杜撰的。像尧帝那样圣贤的人，做这样的事是意料之中的！

考官听到如此坦诚的回答，不但没有责怪，反而大加赞赏，夸奖苏轼活学活用，是真正的人才。欧阳修曾说："读轼书，不觉汗出，快哉快哉！老夫当避路，放他出一头地也，可喜可喜！"这正是我们熟知的成语"出人头地"的来源！欧阳修还对自己的儿子说："三十年后世上人更不会谈论我了！"他将苏轼看做了下一代的文坛宗主！他的预言果然很准，在苏轼去世后的十年中，果然无人谈论欧阳修，大家都在谈论苏轼。

以欧阳修的政治地位和文坛领袖的身份，对一个初出茅庐的后生晚辈如此推崇，苏轼又怎能不名满天下呢？同时，我们也为欧阳修宽广的胸怀和识人之才感到钦佩！他在这次科举中为大宋选出了一大批得意之才。

经过殿试之后，苏轼以《春秋对义》一举夺魁，赐进士及第；他的弟弟苏辙也顺利通过，赐同进士及第。和他们同时高中的还有：曾巩、曾牟、曾布、曾阜四兄弟同他们的妹夫王无咎、王彦深一门六人，以及后来的理学名士程颢、张载，在王安石变法中出力甚多的吕惠卿，正是这些人，影响了北宋政治、文学和哲学的发展。

赞美的力量

　　有一次，卡耐基到邮局去寄一封挂号信，人很多。卡耐基发现那位管挂号的职员对自己的工作已经很不耐烦，可能是他今天碰到了什么不愉快的事情，也许是年复一年地干着单调重复的工作，早就烦了。

因此，卡耐基对自己说："我必须说一些令他高兴的话。他有什么优点值得我欣赏的吗？"稍加用心，卡耐基立即就在他身上看到了值得欣赏的一点。

当那个职员接待卡耐基的时候，卡耐基很热诚地说："我真的很希望有您这种头发。"那个职员抬起头，有点惊讶，面带微笑。"嘿，不像以前那么好看了。"他谦虚地回答。

卡耐基对他说，虽然你的头发失去了一点原有的光泽，但仍然很好看。那个职员高兴极了。双方愉快地谈了起来，而他说的最后一句话是："相当多的人称赞过我的头发。"

离开邮局后，卡耐基说：我敢打赌，这位仁兄当天回家的路上一定会哼着小调；我敢打赌，他回家以后，一定会跟他的太太提到这件事；我敢打赌，他一定会对着镜子说："这的确是一头美丽的头发。"想到这些，我也非常地高兴。

如果能够将真诚的赞美变成一种习惯，那么，要发现一个人值得赞美的地方是一件很容易的事情。一般来说：如何发现一个人真正值得真诚赞美的地方也有一定的规律可循，比如说，对老年人应该更多地赞美他光荣辉煌的过去、健康的身体、幸福的家庭或有出息的儿女等；对年轻母亲赞美她的小孩往往比直接赞美她本人更有效……

欣赏是另一种阳光

卓别林小的时候，有一年圣诞节学校组织合唱团，卓别林却落选了，他很沮丧。一天在班上，卓别林背诵了一段喜剧歌词，博得了大家的喝彩。老师说："虽然你唱得不好，但表演很有幽默的天分。"

后来，卓别林的父亲早逝，母亲患上严重的精神病。为了生计，卓别林到剧院四处打听，希望能演上一个角色。

一天，伦敦一家剧院要上演一出戏，剧院老板答应让卓别林演一个孩子的角色。演出并不成功，报纸在批评该剧的同时却说："幸而有一个角色弥补了该剧的缺点，那就是报童桑米。以前我们不曾听说过这个孩子，但可以预见，在不久的将来定会看到他不凡的成就。"

后来，年轻的卓别林获得了一个去美国演出的机会。不巧的是，这次演出没有引起任何轰动，然而美国的报纸在谈到卓别林时说："那个剧团里至少有一个很能逗笑的英国人，他总有一天会让美国人倾倒的。"

多年后，卓别林终于成为享誉世界的艺术家。除了天才与勤奋之外，他的成功与年轻时候宽厚的社会氛围是分不开的。

对于一个人一生的成长来说，欣赏是另一种必要的阳光。这一缕纤细的阳光，能使将要跌入生活暗处的人，及时得到一丝光亮的指引，获得前进的勇气，看到走向成功的希望，从而最终引领他走到明媚的未来。而实际上，做到欣赏又是那么容易，只要在他们最需要的时候，能有一句肯定的话就足够了。

赞　美

　　一个女孩迷上了小提琴，每晚在家拉个不停，家里人不堪这种"锯床腿"的干扰，每每向女孩求饶。

女孩一气之下跑到一处幽静的树林，独自奏完一曲。突然听到一位老妇的赞许声。老人继而说："我的耳朵聋了，什么也听不见，只是感觉你拉得不错！"

于是，女孩每天清晨来这里为老人拉琴。每奏完一曲，老人都连声赞许："谢谢，拉得真不错！"

终于，有一天，女孩的家人发现，女孩拉琴早已不是"锯床腿"了。他们惊奇地问她有什么名师指点。

这时，女孩才知道，树林中那位老妇人是著名的器乐教授，而她的耳朵竟从未聋过！

柳　金

在 2008 年北京奥运会女子体操的比赛中，与何可欣得分相同的美国名将柳金只得到了一枚银牌。赛后，柳金并没有责怪裁判，并称何可欣是"一名伟大的选手"。她说："对于我来说，有高水平的竞争对手是一件值得高兴的事情，我期待着和中国队选手的下一次较量。"

得分相同，而只能屈居第二，柳金表现出一位优秀运动员的风度，让人敬佩。

服从裁判，不怨天尤人，把失误化为进步的动力，柳金以其宽容与自律诠释了奥林匹克精神。

欣赏对手，尊重对手是最基本的体育精神，欣赏对手才是高手的境界。高度评价同场"劲敌"何可欣，甚至不吝"伟大"一词，体现了柳金抛开成见、英雄惜英雄的高尚情怀。

享受比赛，重结果，更重过程，参与运动，增进交流，这才是奥林匹克运动之魅力所在。柳金一番话把参与过程的愉悦——与

高手过招，切磋观摩，享受同一层次交流的快感——表现得淋漓尽致。

奥林匹克精神，其出发点及终点在于促进人类的精神发展，以此造就全面发展的人。它的意图是教育人，锻炼人的性格，培养人的道德，发展古希腊人的理想——"美丽、健康"。体操运动员柳金让我们看到了真正的"美丽、健康"，应给她颁个"精神文明奖"。

我为你喝彩

在动物王国的体育大赛上，狗熊获得了摔跤冠军，猴子获得了攀登冠军，小鹿获得了跳远冠军。在猩猩与野猪的赛跑比赛中，猩猩跑到中间便败下阵来，但却毫无怨言地为跑到终点的野猪鼓掌致意。比赛结束，猩猩获得了最佳荣誉奖。当大家都在为自己家族的运动员取得好成绩欢呼雀跃时，唯有猩猩不忘为别人喝彩。

"为别人喝彩"，未必说明你就是弱者。生活中，很多人只知为自己的进步与成功窃喜和欢呼，对别人的成就则常常冷漠得面无表情，无动于衷，很少真心实意地为别人喝彩。

其实，为别人喝彩是一种智慧，因为你在欣赏别人的时候，也在不断地提升和完善自我；为别人喝彩是一种美德，付出了赞美，这非但不会损伤你的自尊，相反还将收获友谊与合作；为别人喝彩是一种人格修养，赞赏别人的过程，其实也是矫正自己的狭隘自私和妒忌心理，从而培养大家风范的过程。

　　为别人喝彩是一个学习过程。在困顿、失败、挫折面前如果能找到一盏明灯指点迷津，也许你会豁然开朗。为别人喝彩的同时，你便接受了一盏明灯，让你从自我的不足中走出。在一次次为别人喝彩的过程中，你会丰富自我，直到有一天，他人也会为你喝彩！

管鲍之交

春秋初期，有一对罕见的知心朋友，一个叫管仲，一个叫鲍叔牙。这两个人后来都成为著名的政治家。

管仲和鲍叔牙年轻时合伙做过买卖。鲍叔牙富有，本钱出得多；管仲贫穷，出的本钱少。但赚了钱后，管仲经常给自己多分钱。鲍叔牙手下的人不服气，说管仲贪财。鲍叔牙却不这样认为，他说：

"管仲家里等着钱用，是我乐意多分给他的。朋友之间应该互相帮助，怎么能说他贪钱？"

管仲还当过兵，先后好几次参加战斗，但每次都从战场上逃跑。人们说管仲贪生怕死，鲍叔牙却为管仲辩护：管仲不是怕死，而是家中有老母要赡养，不得不这样做。

管仲也曾好几次当过一些小官，但每次都因为这样或那样的原因被解职。人们都议论管仲没有贤德，鲍叔牙却常为他辩白说，管仲不是不贤德，是没有遇到好机遇。

后来，管仲和鲍叔牙一同来到了齐国。一番辗转之后，二人由于学问高深，很快受到重用，分别担任当时齐僖公两个儿子公子纠与小白的老师。不久，齐国政局陷入动荡之中——齐僖公去世，齐襄公即位。齐襄公欲杀两个弟弟公子纠和小白。公子纠和管仲避难逃往鲁国；公子小白和鲍叔牙逃往莒国。

后来，齐襄公被杀，在群龙无首的局面下，管仲带着公子纠，鲍叔牙带着公子小白日夜兼程赶往齐国，谁先赶到齐国，谁就会成为国君。聪明的管仲想阻止小白回齐国，便带着一小队人马阻截小白。当小白路过时，埋伏在那里的管仲开弓射中小白的腰带玉钩，小白大叫一声，倒在车中装死。管仲见小白倒在车中，以为威胁解除，便和公子纠不紧不慢地回齐国。谁知小白风雨兼程，先到了齐

国，即位成为齐桓公。

鲁国得知公子小白即位，当即发兵进攻齐国。齐军大败鲁军，令鲁国杀死公子纠，并交出辅佐公子纠的管仲和召忽。召忽殉主自杀，管仲被送回齐国。齐桓公想杀管仲报仇。鲍叔牙挺身而出，力劝齐桓公不仅不能杀管仲，而且还要重用他。鲍叔牙说，管仲有经天纬地之才，不可多得，只有他，才能使齐国变得强大起来。在鲍叔牙的力荐之下，齐桓公没杀管仲，还任命管仲为齐国的相国。

管仲当上相国之后，整肃秩序，力促经济，三年就使齐国民富国强。此后，齐国变得越来越强大，齐桓公也顺理成章成为春秋第一霸主，"九合诸侯、一匡天下"。

后来，管仲感动地说："在我为公子纠囚禁受辱的时候，鲍叔牙并不以为我无耻。生我者是我的父母，真正熟知我的是鲍叔牙啊！"

负荆请罪

战国时期，有七个大国，它们是齐、楚、燕、韩、赵、魏、秦，历史上称为"战国七雄"。

这七国当中，又数秦国最强大。秦国常常欺侮赵国。有一次，赵王派一个大臣的手下人蔺相如到秦国去交涉。蔺相如见了秦王，凭着机智和勇敢，给赵国争得了不少面子。秦王见赵国有这样的人才，就不敢再小看赵国了。赵王看蔺相如这么能干，就先封他为"大

我为你
喝彩

夫"，后封为上卿（相当于后来的宰相）。

赵王这么看重蔺相如，可气坏了赵国的大将军廉颇。他想：我为赵国拼命打仗，功劳难道不如蔺相如吗？蔺相如光凭一张嘴，有什么了不起的本领，地位倒比我还高！他越想越不服气，怒气冲冲地说："我要是碰着蔺相如，要当面给他点儿难堪，看他能把我怎么样！"

廉颇的这些话传到了蔺相如耳朵里。蔺相如立刻吩咐自己手下的人，叫他们以后碰着廉颇手下的人，千万要让着点儿，不要和他们争吵。以后，他自己坐车出门，只要听说廉颇打前面来了，就叫马车夫把车子赶到小巷子里，等廉颇过去了再走。

廉颇手下的人看见上卿这么让着自己的主人，更加得意忘形了，见了蔺相如手下的人，就嘲笑他们。

蔺相如手下的人受不了这个气，就跟蔺相如说："您的地位比廉将军高，他骂您，您反而躲着他，让着他，他越发不把您放在眼里啦！这么下去，我们可受不了。"

蔺相如心平气和地问他们："廉将军跟秦王相比，哪一个厉害呢？"大伙儿说："那当然是秦王厉害。"

蔺相如说："对呀！我见了秦王都不怕，难道还怕廉将军吗？要知道，秦国现在不敢来打赵国，就是因为国内文官武将一条心。我们两人好比是两只老虎，两只老虎要是打起架来，不免有一只要受伤，甚至死掉，这就给秦国造成了进攻赵国的好机会。你们想想，是国家的事儿要紧，还是私人的面子要紧？"

蔺相如手下的人听了这一番话，非常感动，以后看见廉颇手下的人，都小心谨慎，总是让着他们。

蔺相如的这番话，后来传到了廉颇的耳朵里。廉颇惭愧极了。他脱掉一只袖子，露着肩膀，背了一根荆条，直奔蔺相如家。蔺相如连忙出来迎接廉颇。廉颇对着蔺相如跪了下来，双手捧着荆条，请蔺相如鞭打自己。

蔺相如把荆条扔在地上，急忙用双手扶起廉颇，给他穿好衣服，

拉着他的手请他坐下。

　　蔺相如和廉颇从此成了很要好的朋友。这两个人一文一武，同心协力为国家办事，秦国因此更不敢欺侮赵国了。"负荆请罪"也就成了一句成语，表示向别人道歉、承认错误的意思。

苏轼与王安石

王安石和苏轼都是北宋的诗文大家，他们都怀有为国为民的政治理想，个人的道德修养也都无可挑剔，只是他们在政治这条道路上搭乘的不是一架马车，所以才成为政敌。

虽然是政敌，但并不影响二人对对方的欣赏。在苏轼因"乌台诗案"下狱的时候，王安石在关键时刻挺身而出，为他说了公道话，才使苏轼摆脱了牢狱之灾。

在这两人之间，发生过很多有趣的小故事。传说王安石在相位时曾做过半首诗：

"黄昏风雨过园林，残菊零落满地金。"

写完之后，有客来访，王安石便出去接待客人。

恰巧当日苏轼也登门拜访，被引到书房等候，他看到此诗，心里不禁嘲笑王安石：菊花怎么会落瓣呢？于是提笔续写两句：

"秋花不比春花落，为报诗人仔细吟！"

后来，苏轼被贬黄州，在那里亲眼目睹了遍地落黄，才明白

菊花也有落瓣的。苏轼为自己的无知感到羞愧，也为王安石的博识感到佩服。

抛开政治的枷锁，王安石其实对苏轼的文学才华非常欣赏。苏轼在黄州期间创作的作品，一旦传到金陵，王安石必定反复吟诵。他曾经长叹：子瞻，真是奇才啊！

一次，王安石看了苏轼的新文《成都圣像藏记》，读罢，忍不住评道：文章的确很好，只是有一个字用得不大贴切，末尾的那句"如人善博，日胜日贫"，如果把"贫"改为"负"就更准确了。苏轼听到这个评论后觉得很有道理，提笔将"贫"改为了"负"。

两人曾一起游览蒋山，路过一个寺庙，王安石指着方丈桌上的一块精美的砚台请苏轼吟诵一句古诗，苏轼脱口而出："巧匠斲山骨"。这一句是唐朝刘师服、侯喜等《石鼎联句》中的句子。王安石思索了半天，也没有续出下句，便转移了话题，提议看风景。后人对此评论道：荆公平日好以此难为人，门下、客人一般都被他难住，没想到这次遇上了苏轼这位高手啊。

二人一边欣赏风景，一边谈论诗文，提到了苏轼的两句咏雪诗："冻合玉楼寒起栗，光摇银海眩生花。"王安石说："你这首诗里化用了两个道家典故，道家以双肩为玉楼，以银海形容双目。这诗是在说冬天把人冻得肩膀都缩起来了，雪光让人的眼睛都感到炫目。是这个意思吧？"

苏轼后来曾跟朋友说：王荆公真是博学啊！

王安石后来也多次吟诵此诗，并且感叹："苏子瞻竟能把诗写的如此精妙！"

白象的故事

在古远时代，摩伽陀国有一位国王饲养了一群象。象群中，有一头象长得很特殊，全身白皙，皮毛柔细光滑。后来，国王将这头象交给一位驯象师照顾。这位驯象师不只照顾它的生活起居，也

很用心教它。这头白象十分聪明、善解人意，过了一段时间之后，他们之间建立了良好的默契。

有一年，这个国家举行一个大庆典。国王打算骑白象去观礼，于是驯象师将白象清洗、装扮了一番，在它的背上披上一条白毯子，交给了国王。

国王就在一些官员的陪同下，骑着白象进城看庆典。由于这头白象实在太漂亮了，民众都围拢过来，一边赞叹，一边高喊着："象王！象王！"

这时，骑在象背上的国王，觉得所有的光彩都被这头白象抢走了，心里十分生气、嫉妒。他绕了一圈后，就不悦地返回王宫。

一入王宫，国王就问驯象师："这头白象有没有什么特殊的技

艺？”

驯象师问：“不知道国王您指的是哪方面？”

国王说：“它能不能在悬崖边展现它的技艺呢？”

驯象师说：“应该可以。”

国王就说：“好。那明天就让它在波罗奈国和摩伽陀国相邻的悬崖上表演。”

隔天，驯象师依约把白象带到那处悬崖。

国王说：“这头白象能用三只脚站立在悬崖边吗？”

驯象师说：“这简单。”他骑上象背，对白象说：“来，用三只脚站立。”果然，白象立刻就缩起一只脚。

国王又说：“它能两只脚悬空，只用两只脚站立吗？”

“可以。”驯象师就叫它缩起两只脚，白象很听话地照做了。

国王接着又说：“它能不能三只脚悬空，只用一只脚站立？”

驯象师一听，明白国王存心要置白象于死地，就对白象说：“你这次要小心一点，缩起三只脚，用一只脚站立。”白象也很谨慎地照做了。围观的民众看了，热烈地为白象鼓掌、喝彩！

国王越看心里越不平衡，就对驯象师说：“它能把后脚也缩起，全身悬空吗？”

这时，驯象师悄悄地对白象说：“国王存心要你的命，我们在

这里会很危险。你就腾空飞到对面的悬崖吧!"

　　不可思议的是,这头白象竟然真的把后脚悬空飞起来,载着驯象师飞越悬崖,进入波罗奈国。

　　波罗奈国的人民看到白象飞来,全城都欢呼了起来。国王很高兴地问驯象师:"你从哪儿来?为何会骑着白象来到我的国家?"

　　驯象师便将经过一一告诉国王。国王听完之后,叹道:"人为何要嫉妒一头象呢?"

学会欣赏别人

圣诞节临近，美国芝加哥西北郊的帕克里奇镇到处洋溢着喜庆、热烈的节日气氛。

正在读中学的谢丽拿着一叠不久前收到的圣诞贺卡，打算在好朋友希拉里面前炫耀一番。谁知希拉里却拿出了比她多十倍的圣

诞贺卡，这令她羡慕不已。

"你怎么有这么多的朋友？这中间有什么诀窍吗？"谢丽惊奇地问。

希拉里给谢丽讲了两年前她的一段经历：

"一个暖洋洋的中午，我和爸爸在郊区公园散步。在那儿，我看见一个很滑稽的老太太。天气那么暖和，她却紧裹着一件厚厚的羊绒大衣，脖子上围着一条毛皮围巾，仿佛天上正下着鹅毛大雪。

"我轻轻地拽了一下爸爸的胳膊说：'爸爸，你看那位老太太的样子多可笑呀。'

"当时爸爸的表情显得特别的严肃。他沉默了一会儿说：'希拉里，我突然发现你缺少一种本领，你不会欣赏别人。这证明你在与别人的交往中少了一份真诚和友善。'

"爸爸接着说：'那位老太太穿着大衣，围着围巾，也许是生病初愈，身体还不太舒服。但你看她的表情，她注视着树枝上一朵清香、漂亮的丁香花，表情是那么的生动，你不认为很可爱吗？她渴望春天，喜欢美好的大自然。我觉得这老太太令人感动！'

"爸爸领着我走到那位老太太面前，微笑着说：'夫人，您欣赏春天时的神情真的令人感动，您使春天变得更美好了！'

"那位老太太似乎很激动：'谢谢，谢谢您！先生。'她说着，

便从提包里取出一小袋甜饼递给了我，'你真漂亮……'

　　"事后，爸爸对我说：'一定要学会真诚地欣赏别人，因为每个人都有值得我们欣赏的优点。当你这样做了，你就会获得很多的朋友。'"

乔丹的胸怀

在多年前的一场NBA决赛中，NBA的一位新秀皮蓬独得33分，超过乔丹3分，成为公牛队比赛得分首次超过乔丹的球员。比赛结束后，乔丹与皮蓬紧紧拥抱着，两人泪光闪闪。

在乔丹和皮蓬之间，有一个鲜为人知的故事。当年，乔丹在公牛队时，皮蓬是公牛队最有希望超越乔丹的新秀，他时常流露出一种对乔丹不屑一顾的神情，还经常说乔丹某方面不如自己，自己一定会超过乔丹之类的话。但乔丹没有把皮蓬当做潜在的威胁而排挤他，反而对皮蓬处处加以鼓励。

有一次，乔丹问皮蓬："我们两个的三分球谁投得好？"皮蓬有点心不在焉地回答："你明知故问什么，当然是你。"因为那时乔丹的三分球命中率是28.6%，而皮蓬是26.4%。

但乔丹微笑着纠正："不，是你！你投三分球的动作规范自然，很有天赋，以后一定会投得更好，而我投三分球还有很多弱点。"

乔丹还对他说："我扣篮多用右手，习惯地用左手帮一下，而

你左右都行。"这一细节连皮蓬自己都不知道。他深深地为乔丹的无私所感动。

从那以后，皮蓬和乔丹成了最好的朋友，皮蓬也成了公牛队比赛得分首次超过乔丹的球员。而乔丹这种无私的品质则为公牛队注入了难以击破的凝聚力，从而使公牛队创造了一个又一个的神话。乔丹不仅以球艺，更以他那坦然无私的广阔胸襟赢得了所有人的拥护和尊重，包括他的对手。

欣赏的神奇力量

美国钢铁大王卡内基选拔的第一任总裁查尔斯·史考伯说："我认为，使员工振奋起来的能力，是我所拥有的最大资产。让一个人发挥最大能动性的方法，是欣赏。再没有什么能比上司的批评更能扼杀一个人的雄心的了……我赞成鼓励别人工作，因此我总是迫不及待地去欣赏别人，却很讨厌挑别人的错误……我在世界各地见到许多成功人士，还没有发现有哪一个人，不管他有多么伟大，地位多么崇高，不是在被欣赏的情况下比在被批评的情况下工作成绩更好、更加勤奋努力的。"

通用电气的前任 CEO 杰克·韦尔奇也是一个人见人羡的欣赏高手。他经常采用手写便条表示感谢，虽然"老土"且花费不少时间，却总能立竿见影。韦尔奇总结自己时说："给人以自信是到目前为止我所能做的最重要的事情。"他所带领的通用电气，成为利益增长含金量最高的地方，也是让很多人无限向往的地方。

欣赏不仅应用于激励员工，在员工闯祸时更为重要，此时的

欣赏更能扭转乾坤，化危机于无形。

美国石油大王洛克菲勒有位生意合伙人名叫爱德华·贝佛，有一次，他在南美经营一桩生意时判断失误，使公司一夜之间损失百万美元，占投资总额的40%。所有的人都认为，贝佛一定会遭到洛克菲勒的责骂，甚至城门失火，殃及池鱼。但洛克菲勒只是拍拍贝佛的肩膀说："全靠你处理得当，帮我们保住了全部投资的60%，我们没有办法做到每次都这么幸运，谢谢你。"

贝佛深感意外，更加自责，从此努力工作，屡创佳绩，成了洛克菲勒公司发展不可或缺的一员大将。

欣赏的神奇力量

20 世纪的电影巨星英格丽·褒曼从小就梦想成为演员。中学毕业后，她通过重重考试，终于闯进欧洲顶级表演学府——皇家戏剧学院录取的最后一关。然而，当她胜券在握卖力表演时，却发现面试官们只是漫不经心地聊天说笑，几分钟就把她打发下场了。

那年褒曼才 18 岁，她万念俱灰，打算投河自尽，只是想到明天自己美丽的尸体将在臭气熏天的河面上浮上来，才勉强离开。

然而，几天后，她却收到皇家戏剧学院的录取通知书。面试官对她说，她的演技太棒了！她刚上台，就赢得了所有人的一致欣赏，并立即决定录取她，后面的表演根本不看了。

被误读的欣赏，差点毁掉一代影后年轻的生命！

看吧，欣赏的力量是如此神奇。

生命的舞台很大，每个人既是表演者，也是台下的观众，谁都希望在曲终谢幕的时候得到别人的赞美和喝彩。来自亲朋好友的鼓励和赞扬会让我们在艰难困苦的环境中充满信心，但来自对手和敌人的欣赏和喝彩则更为可贵。

　　伯牙和钟子期之间有知音之情，管仲和鲍叔牙之间有知己之义，萧何对韩信有知遇之恩。他们都有着宽广的胸怀，不吝啬真心的付出，所以，他们收获了朋友，收获了感动。他们的智慧与修养在这欣赏中体现出来，他们的高尚品质也在欣赏中发出光芒。

孙膑与庞涓

　　孙膑与庞涓师从于鬼谷子学习兵法。庞涓的天资学业虽较好，但和孙膑相比，还是差得很多，但他为人奸猾，善弄小权术，又轻

易不被察觉。他与孙膑同学时，心里很嫉妒孙膑的才能，可在嘴上从未流露过，一再表示将来有了出头之日，一定要举荐师兄，同享富贵。心地善良的孙膑，与庞涓以兄弟相称，如同亲兄弟一样。

转眼过去了几年，孙膑和庞涓经过鬼谷子的精心调教，兵法、韬略都大有长进。这时，传来了魏惠王招贤纳士的消息。庞涓觉得机会来了，便决定下山应招。

临别时，庞涓向孙膑保证，此行一旦顺利，会马上引荐孙膑下山，共同做一番事业。孙膑自然深表谢意，嘱咐他多加保重，两人洒泪告别。

庞涓到魏国后，受到了魏惠王的重用。他天天操练兵马，先从附近几个小国下手，一连打了几个胜仗，后来连齐国也被他打败了。从此，魏惠王更加信任庞涓。

魏惠王也听到了孙膑的名声，有一次跟庞涓说起孙膑。庞涓便派人把孙膑请来，跟他一起在魏国共事。

可是，庞涓把孙膑骗来之后，就在魏惠王面前巧言诬陷，说孙膑私通齐国。

魏惠王十分恼怒，把孙膑治了罪，在他的脸上刺了字，还剜掉了他的两块膝盖骨。庞涓以为，受刑后的孙膑成了一个残疾人，他纵有天大的本事，也难以和自己较量了。

　　孙膑的伤口渐渐愈合，但他再也站不起来了，而且，还有人时时刻刻监视着他。

　　孙膑知道庞涓在陷害他，于是想办法脱身。不久，孙膑疯了，他一会儿哭，一会儿笑，叫闹个不停。

　　庞涓听说了这些，并不相信孙膑会疯，便屡屡试探，都没看出破绽。庞涓认为孙膑是真疯了，从此对他的看管逐渐松懈下来。

　　孙膑装疯产生了作用，他暗中加紧了寻找逃离虎口的机会。一天，他听说齐国有个使臣来到大梁，便找了个间隙，偷偷前去拜访。

　　齐国的使臣听了孙膑的叙述，从谈吐中认定他是一个很了不起的人才，十分钦佩，答应帮他逃走。

　　这样，孙膑便藏身于齐国使臣的车子里，秘密地回到了齐国。

　　齐国大将田忌认为孙膑是个将才，便把他推荐给齐威王。齐

威王也正在改革图强。他跟孙膑谈论兵法后，大为赏识，只恨没早点见面。

公元前354年，魏惠王派庞涓攻卫伐赵，包围了赵国的国都邯郸。次年，赵国向齐威王求救。齐威王拜田忌为主将，任孙膑为军师，发兵去救赵国。

孙膑对田忌说："现在魏国把精锐的兵力都拿去攻打赵国，国内大多是些老弱残兵，十分空虚，咱们不如去攻魏国大梁。庞涓听到了，一定会放弃邯郸，回守大梁。我们在半路上截住他，迎头痛击，准能把他打败。"

田忌依计而行。庞涓的军队已经攻下邯郸，忽然听说齐军攻打大梁去了，他立刻吩咐退兵，刚退到桂陵（今河南长垣西北），突遭齐军截击，魏军仓皇应战，终至惨败。齐军大胜，邯郸之围也解除了。齐军还活捉了庞涓，但孙膑并没有杀庞涓，只是训导他一番，便将他放了。

十多年后，即公元前343年，庞涓又率军进攻韩国。小小的韩国抵挡不住庞涓的进攻，一时形势危急，遂接连派出使臣，向齐国求救。

齐威王又采纳了孙膑的建议，决定派兵出战，仍以田忌为主将，孙膑为军师。于是，孙膑与庞涓又一次相逢在战场，开始了一场大

规模的生死较量。

战役之初，按照孙膑的计策，齐军长驱直入把攻击的矛头指向魏国的都城大梁。

庞涓得到消息，急忙回师都城，传令截住齐军主力，与其决一雌雄。

不料，齐军不肯交战，稍一接触即向东退去。庞涓挥师紧紧追赶不放。第一天，见齐军营地有 10 万人的饭灶；第二天，还剩 5 万人的灶；到第三天，只剩 3 万人的灶了。

庞涓见状高兴，得意地说道："我早知道齐国的士兵都是胆小鬼，如今不到三天就逃跑了大半！"

于是，他传下将令：留下步兵和笨重物资，集中骑兵轻装前进，

追歼齐军。

孙膑得知庞涓轻骑追击的探报，高兴地对众人说："庞涓的末日到了！"

这时，齐军正好来到一个叫马陵的地方。马陵处于两座高山之间，树多林密，山势险要，中间只有一条狭窄的小路可走，是一个伏击歼敌的好战场。

孙膑传令：就地伐树，将小路堵塞；另挑选路旁的一棵大树，刮去一段树皮，在树干上面写道"庞涓死于此树之下"几个大字。

随后，他命令一万弓箭手埋伏在两边密林中，吩咐他们夜里只要看见树下出现火光，就一齐放箭。

傍晚，庞涓率领的魏军骑兵果真来到马陵。听说前面的道路被树木堵塞，庞涓忙上前察看。朦胧间他见路旁有一大树，白茬上隐约有字，遂命人点起火把。当庞涓看清树上的那一行字时，大吃一惊，知道中了孙膑的计谋。他急令魏军后退，但已晚了。埋伏在山林中的齐军，万箭齐发，猝不及防的魏军死伤无数，乱成一团。庞涓身负重伤，知道败局已定，拔出佩剑自杀了。

以德报怨

魏国边境靠近楚国的地方有一个小县，一个叫宋就的大夫被派往这个小县去做县令。

两国交界的地方住着两国的村民，他们都喜欢种瓜。这一年春天，两国的村民又都种下了瓜种。

不巧，这年春天，天气比较干旱，由于缺水，瓜苗长得很慢。魏国的一些村民担心这样旱下去会影响收成，就组织一些人，每天晚上到地里挑水浇瓜。

连续浇了几天，魏国村民的瓜地里，瓜苗长势明显好了起来，比楚国村民种的瓜苗要高不少。

楚国的村民一看到魏国村民种的瓜长得又快又好，非常嫉妒，有些人晚间便偷偷潜到魏国村民的瓜地里去踩瓜秧。

魏国村民发现了此事，便气愤地商定，也要去楚国村民的地里踩瓜秧。

宋县令知道后忙请村民们消消气，让他们都坐下，然后对他

们说：“我看，你们最好不要去踩他们的瓜地。”

村民们气愤至极，哪里听得进去，纷纷嚷道：“难道我们怕他们不成，为什么让他们如此欺负我们？”

宋就摇摇头，耐心地说：“如果你们一定要去报复，最多解解心头之恨，可是，以后呢？他们也不会善罢甘休，如此下去，双方

互相破坏，最后谁都不会得到一个瓜。"

村民们皱紧眉头问："那我们该怎么办呢？"宋就说："你们每天晚上去帮他们浇地，结果怎样，你们自己就会看到。"

村民们只好按宋县令的意思去做，楚国的村民发现魏国村民不但不记恨，反倒天天帮他们浇瓜，惭愧得无地自容。

这件事后来被楚国边境的县令知道了，便将此事上报楚王。楚王原本对魏国虎视眈眈，听了此事，深受触动，甚觉不安，于是，主动与魏国和好，并送去很多礼物，对魏国有如此好的官员和国民表示赞赏。

宋就也因此事受到了魏国国君的赏赐，当地的百姓更加敬重宋就了。

杨修之死

　　杨修是东汉末年人，他才思敏捷，灵巧机智，是曹操的谋士，官居主簿，替曹操典领文书，办理事务。

　　有一次，曹操造了一所后花园。落成时，曹操去观看，在园中转了一圈，临走时什么话也没有说，只在园门上写了一个"活"字。

　　工匠们不知道是何意，就去请教杨修。杨修对工匠们说，门内添活字，乃阔字也，丞相嫌你们把园门造得太宽大了。工匠们恍然大悟，于是重新建造园门，完工后再请曹操验收。

　　曹操看了很高兴，问道："是谁领会了我的意思？"

　　工匠们回答："多亏杨主簿赐教！"

　　曹操虽表面上称好，但心底却很忌讳。

　　有一天，塞北有人给曹操送了一盒精美的酥（奶酪）。曹操尝了一口，突然灵机一动，想考考周围文臣武将的才智，就在酥盒上竖写了"一合酥"三个字，让人送去给文武大臣。

　　大臣们面对这盒酥，百思不得其解，就向杨修求教。杨修看

到盒子上的字，竟拿出餐具给大家分吃了。大家说："我们怎么敢吃丞相的东西？"杨修说："是丞相让我们一人一口酥嘛！"在场的文臣武将都为杨修的聪敏而拍案叫绝。

而后，曹操询问此事，杨修从容地回答说："盒上明明写着'一人一口酥'，我们怎么敢违丞相之命呢？"

曹操听了，虽然面上喜笑，但心里却很妒忌杨修。

曹操生性多疑，生怕人家暗中谋害自己，常吩咐左右说："我

梦中好杀人，凡是我睡着的时候，你们切勿近前！"

有一天，曹操在帐中睡觉，故意把被子掉在了地上，一个近侍慌忙捡起被为他盖上。曹操立刻跳起来拔剑把他杀了，然后又上床继续睡觉。曹操起来的时候，假装做梦，问道："是谁杀了我的近侍？"

大家把实情告诉他。曹操痛哭，厚葬近侍。人们都以为曹操果真是梦中杀人，唯有杨修又识破了他的意图，临葬时指着近侍尸

体叹惜说："丞相非在梦中，君乃在梦中耳！"曹操听到后更加厌恶杨修。

后来，曹操出兵汉中进攻刘备，受困于斜谷界口，想要进兵，又被马超拒守，欲收兵回朝，又恐被蜀兵耻笑，心中犹豫不决，正碰上厨师进上鸡汤。曹操见碗中有鸡肋，因而有感于怀。曹操正沉吟间，夏侯惇入帐，禀请夜间口号。曹操随口答道："鸡肋！鸡肋！"

于是，夏侯惇传令众官，都称"鸡肋！"

杨修见传"鸡肋"二字，便教随行军士收拾行装，准备归程。

夏侯惇听到了，问杨修："为何要收拾行装？"杨修说："听今夜的号令，便知道魏王不日将退兵，鸡肋者，食之无肉，弃之有味。今进不能胜，退恐人笑，在此无益，不如早归，来日魏王必定要班师。所以我先收拾行装，免得临行慌乱。"

夏侯惇听了，也开始收拾行装。于是寨中诸将，都开始准备退兵。

曹操得知此情后，唤杨修问之，杨修以鸡肋之意应对。曹操大怒说："你怎敢造谣言，乱我军心！"于是，将杨修拉出去斩首。

朱子明画驴

宋代的山水画家朱子明，画得一手好画。正因为他画得一手好画，所以被同行们忌恨。有意无意间，同行们常常贬低他。有人说他的画技差得太远。有人说：朱子明会画什么，就会画个驴！

朱子明是画驴，但那只是偶尔之作。可大家说他只会画驴，如此的贬低就是一种污辱了，朱子明为此很是郁闷。渐渐地，世人都知道朱子明只是个画驴的，也就不再向他求画了。

一天，皇帝出城，在市面上看到有人摆地摊儿卖画，卖的竟是一张张驴图。皇帝很少见到画驴的，十分新鲜，就问随从："天下谁画驴画得好？"

随从就去满世界打听。几天后，回皇帝话，说有一个叫朱子明的人专画驴。皇帝便传朱子明来宫里为他画驴。朱子明哭笑不得，这是大家在贬他啊，皇帝怎么能当真，但面对圣旨，朱子明只能遵命。

朱子明不是画驴的，因为众人的嫉妒落了个只会画驴的名声，又因为被皇帝误会，真的画起了驴，并因为给皇帝画驴，一夜之间

成为天下第一画驴人。

朱子明曾研究山水，苦苦追求，可谓艰难曲折，一生都想着怎么才能成名，却被众人踩在脚下，骂他只会画驴。但是没想到，反而竟是一头驴子成全了他，他因画驴而功成名就，成为举世第一的画驴大师。

朱子明在晚年的回忆录中，曾感慨嫉妒他的人，感谢他们在骂声和贬意中成全了他。

谁嫉妒你，就感谢谁

巴赫被称为音乐界"不可超越的大师"，他出生于德国爱森纳赫的一个世代音乐家庭。他8岁时父母双亡，寄居在兄长家里。15岁时，巴赫只身离家，走上了独立生活的道路。

巴赫靠美妙的歌喉与出色的古钢琴、小提琴、管风琴演奏技艺，进入吕讷堡的圣·米歇尔学校。图书馆里藏有丰富的古典音乐作品，巴赫一头钻进去，像块巨大的海绵，全力汲取着欧洲各种流派的艺术。为了练琴，巴赫常常彻夜不眠，通宵达旦。

逐渐突出的才华，让巴赫像一块光彩照人的玉器，惹来不少人的妒忌。因此，虽然巴赫很优秀，却很少有上台的机会。

起初，巴赫觉得奇怪，以为校长故意让他做一些幕后技术工作。直到有一次校庆演出时，巴赫意识到，问题不是想象的这么简单，那次，巴赫再次被安排做幕后技术工作，而才华远不如巴赫的笛斯诺，却参加了表演。

巴赫去找校长质问。校长告诉巴赫，因为每次表演前，都公

开征求学生们的意见，有不少人反对他上台。巴赫知道，是才华招来了妒忌。之后，巴赫尽量掩饰着自己。

果然不久，巴赫得到了一次上台的机会。巴赫走上台，拉了一曲小提琴，他投入的表演和悠扬的琴声，成为当场的佼佼者。但是，掌声并不热烈，许多人用妒忌的目光看着他。从那以后，巴赫又失去了上台的机会。

那年，是学校的音乐年会，每个班级都推荐十名演员参加钢琴"同一首曲"盛典活动。巴赫也报了，但是，最后推荐名单出来后，并没有他。

巴赫知道，又是那些妒忌者在挤压他。巴赫心中如江河咆哮般愤怒，但是脸上却非常平静。他装做毫不在乎的样子，照常打扫着舞台。第二天，笛斯诺来向巴赫请教，如何以复调音乐演奏《米歇尔之夜》，巴赫说："不可能的。"笛斯诺说："如果不能以复调音乐演奏，那么，谁也没有把握胜出，因为参加演奏的同学实力相当，又是同奏一曲，很难分出高下。"

笛斯诺走后，巴赫出了一身冷汗。因为，正如笛斯诺所说，如果大家都演奏《米歇尔之夜》，的确谁也没有把握胜出，除非谁能以复调音乐演奏。可是，即使是巴赫，也无法用复调音乐演奏这首曲子。

但是，巴赫没有放弃，他一想起那些妒忌者的嘴脸，就激发了内心中的斗志。盛典前的一个月，巴赫每天晚上都在用心揣摩，终于成功地找到了复调音乐的指法。

盛典这天，巴赫来到台下的角落里坐着，平静地欣赏着台上的演出。那些荣幸的学生们，一个个上台了，他们的演出不时地得到了掌声。当最后一个人演奏完，评委开始打分。就在主持人要宣

布比赛结果时，巴赫突然走上了舞台，在钢琴前坐了下来。接着，一缕琴音响起，礼堂里又响起了《米歇尔之夜》，但是，这次的琴音具有双重的韵味，浑厚中带着轻柔，重音如滚滚江河，轻音如白云缭绕，琴音之美妙，震撼了所有的人。

一曲奏完，几位被邀请为评委的音乐家走上来纷纷和巴赫握手，并由衷地赞叹："太完美了。"主持人当即宣布，本场盛典最荣耀的人是巴赫。

当主持人让巴赫发言时，巴赫手捂胸口，向台下弯着腰说："感谢我的妒忌者们，是你们将我推上了成功的舞台。"

让嫉妒开出绚烂的花朵

米开朗琪罗是意大利文艺复兴时期最杰出的艺术家之一。他从小就显示出了对雕刻的浓厚兴趣，并逐渐展现出了他在雕刻领域的非凡天赋。

23岁时，米开朗琪罗就接受法国红衣主教的重托，为圣彼得教堂制作出了雕像《哀悼基督》。随着这座雕像的完成，年轻的米开朗琪罗一举成名。人们不由惊叹，又一颗雕刻巨星升起了！1501年，米开朗琪罗创作出了至今依然为整个世界所倾倒所熟识的伟大作品——雕像《大卫》。

年纪轻轻便成就斐然、声名远播，这一方面使得米开朗琪罗备受人们的推崇和爱戴，另一方面，也使他遭受了来自同一时期的艺术家们的敌意和批驳。许多艺术家嫉妒他的卓越才华，惧怕他的崛起。这其中，对他最为嫉恨的，是大建筑师布拉曼特。

布拉曼特在当时的建筑界是位一言九鼎的人物，享有崇高的威望，并深受教皇的器重，委他以总建筑师的重要职位。米开朗琪

罗的出现，使得布拉曼特感受到了前所未有的不安和危机。他充分利用自己的影响力和权势，千方百计地压制、刁难米开朗琪罗。

这一年，教皇委派米开朗琪罗去建造他的华丽墓穴。这是一项庞大的工程，也是展示才华的大好时机。米开朗琪罗欣然受命，全身心地投入到了这项工作。仅仅为了挑选完美的石块，他就花费了整整 8 个月的时间。但工程尚未启动，就被教皇喊停了。

原来布拉曼特见由米开朗琪罗负责这项浩大工程，心中嫉妒，生怕他在教皇那里抢了自己的风头，便在教皇面前不停游说，说生前造墓不吉利，倒不如重新修缮圣彼得教堂，可使圣父的伟业锦上添花等等。教皇听信了这些话，就让布拉曼特去主持大教堂的修缮。至于米开朗琪罗，教皇则根据布拉曼特的建议，叫他放下刻刀，去为西斯廷礼拜堂的天顶画壁画。

米开朗琪罗从未学过专业的绘画技术，而且他也看不上绘画。他一生只承认自己是雕塑家，即便后来他的画作足以与其雕塑相媲美，他也依然如此。他明白，这是布拉曼特的馊主意，想借机压制和捉弄他。以他的脾气，他完全可以拒绝接受这项因为嫉妒而故意刁难给他的任务，但他经过反复思量。最终还是接受了这项任务，他决心要在这丑陋的嫉妒上开出绚丽的花朵。

在这间短廊式的 500 多平方米的天顶上，米开朗琪罗除了完

成全部壁画，还要加上装饰，然而，除了配制颜料的助手外，没有第二个人肯上 18 米高的脚手架上帮助他。他独自仰卧在高高的脚手架上，未干的颜料不断地滴在他的脸上，很快就积了厚厚一层。

人们无法想象，他是以怎样的毅力来完成这浩大而艰巨的工程的。当他走下脚手架时，眼睛已经受到严重损伤。事后，他连读信也要把信纸放到头顶上去。

当时，米开朗琪罗不过 37 岁，可是长期高仰脖子的艰苦作业，使他的面容变得憔悴不堪，已俨然一个多病的老人了。经过长达 4 年 5 个月的辛苦创作，工程终于竣工了。

　　罗马西斯廷小教堂内的天顶画，是米开朗琪罗的绘画艺术丰碑，它与同一教堂的另一幅壁画《最后审判》一道，构成了他一生最有代表性的两大巨制，这两幅壁画工程也是意大利文艺复兴时期最伟大的艺术贡献。

　　当同样嫉妒他的画家拉斐尔看了这幅巨大的天顶画之后，也

不由赞叹道："米开朗琪罗是用上帝一样杰出的天赋创造这个艺术世界的！"

而米开朗琪罗却这样评价这幅巨制的诞生："嫉妒没有把我击倒，反而给了我力量，是嫉妒成就了这幅天顶画。"

被别人嫉妒怎么办

1929 年，美国发生了一件震动全国教育界的大事，美国各地的学者都赶到芝加哥去看热闹。

在几年之前，有个名叫 R.M. 哈钦斯的年轻人，半工半读地从耶鲁大学毕业，做过作家、伐木工人、家庭教师和卖成衣的售货员。

现在，只经过了八年，他就被任命为全美国第四大名校——芝加哥大学的校长。他只有 30 岁！真让人难以置信。

老一辈的教育界人士都大摇其头，人们对他的批评就像山崩石落一样一齐打在这位"神童"的头上，说他这样，说他那样——太年轻了，经验不够——说他的教育观念很不成熟，甚至各大报纸也参加了攻击。

在哈钦斯就任的那一天，有一个朋友对他的父亲说："今天早上我看见报上的社论攻击你的儿子，真把我吓坏了。"

"不错，"哈钦斯的父亲回答说，"话说得很凶。可是请记住，从来没有人会踢一只死了的狗。"

不错，越是重要，踢他的人越能够感到满足。你想想哪一个美国人曾经被人家骂作"伪君子""大骗子""只比谋杀犯好一点点"呢？报纸上有一幅漫画，画着他站在断头台上，那把大刀正准备把他的头砍下来；在他骑马从街上走过的时候，一大群人围着他又叫又骂。他是谁呢？就是美国的国父——乔治·华盛顿。

你要是被人家踢了，或者是被别人恶意批评的话，请记住，他们之所以做这种事情，是因为这事能使那些人有一种自以为重要的感觉，这通常也就意味着你已经有所成就，而且值得别人注意。

波多尔斯基的耳光

有一段时间，在足球场上，一向以低调、自律而闻名的德国球员有两个人的名字被频频提起，那就是德国国家队队长巴拉克和前锋波多尔斯基。

时间回到 2009 年 4 月 2 日，在欧洲举行了一场南非世界杯足球预选赛。比赛双方是大名鼎鼎的欧洲豪门德国队和默默无闻但实力并不可小觑的威尔士队。由于欧洲球队无弱旅，因此双方比赛进行得非常激烈。

当比赛进行到下半场第 38 分钟时，场上风云突变，出现了令人目瞪口呆的一幕。德国队队长、中场大将巴拉克在一次防守结束后，抬手指向在 2006 年世界杯一战成名的德国年轻前锋波多尔斯基，原因是他认为这位年轻的球员在刚才的防守中不够积极。

令人难以置信的是，正在为自己没有进球而郁闷不已的波多尔斯基抬手拨开了巴拉克的手臂，顺手打了这位在德国足坛功勋卓著的名将一个耳光。巴拉克显然没有料到波多尔斯基会如此冲动和

无礼。队友和观众都认为巴拉克在大庭广众之下肯定难以忍受这样的奇耻大辱，会暴跳如雷。但巴拉克只是捂了一下被打的脸颊，又迅速投入到比赛中。

德国队主教练看情况不妙，迅速进行了人员调整，把情绪激动的波多尔斯基换下场。本场比赛，德国队最终以2:0完胜威尔士队，为进军南非世界杯迈出了坚实的一步。

赛后，波多尔斯基成为众矢之的。巴拉克由于表现得异乎寻常的冷静，就像当时在赛场上的表现一样而赢得媒体和球迷的支持。面对媒体的追问，他并没有过多指责犯了错的波多尔斯基，只是说：

波多尔斯基太年轻了，当时在场上，我只是想和他进行正常的战术讨论，他需要学习的东西还有很多。

也正是巴拉克的宽容大度，使波多尔斯基免受了更多的舆论责难和足协处罚。对巴拉克的宽容和保护，波多尔斯基又羞又愧，他说：我是一个白痴，给队长巴拉克的那个耳光完全不应该发生。巴拉克是我永远的偶像。

巴拉克在这一耳光事件上的表现赢得了媒体和世界球迷的一致赞许。因同队队友内讧而致使球队战斗力锐减甚至惨败的事例在世界足坛屡见不鲜。作为德国队的领军人物，巴拉克在遭受耳光羞辱时，一切从大局出发，尽显大将风度，以出众的涵养和风度为年轻球员作出了表率。

当别人嫉妒你时

柏拉图年轻时就非常有成就，一次，朋友送了他一把精致的椅子，以表示对他的肯定。几天以后，一群人到柏拉图家里做客，看到了那把漂亮的椅子。问明来处之后，其中一个人突然上了那把椅子，疯狂地乱踩乱跳，并一边嚷着："这把椅子代表着柏拉图心中的骄傲与虚荣，我要把他的虚荣给踩烂！"

众人，包括柏拉图在内全都吓了一跳！只见柏拉图不疾不徐地回房里拿出了块抹布，把被踩得脏兮兮的椅子擦拭干净，并请那位激动踩椅的朋友坐下，诙谐并颇具深意地说："谢谢你帮我踩掉心中的虚荣，现在我也帮您擦去心中的嫉妒，您可以心平气和地坐下和大家喝茶、聊天吗？"

面对别人的嫉妒，你先要反省自己，确立自信，这样才不会被别人的嫉妒吓唬住。面对别人的嫉妒，你胸襟要宽，气量要大，不去斤斤计较，仍旧保持坦诚的态度与人相处。即使是嫉妒自己的人，也不必疏远，也许别人对你的嫉妒也就随之瓦解。

　　你应该懂得自己所取得的成绩与别人的帮助是分不开的。所以，在取得成功和荣誉时，不要冷落了大家，更不要居功自傲。相反，真诚地感激大家，和大家一同分享荣誉，虚怀若谷，就一定能得到大家的欣赏和支持。

从缺陷中发现长处

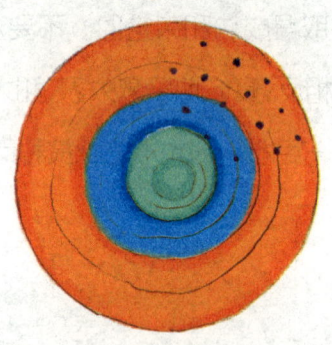

  有一年一个市射击队到省里参加汇报比赛，所谓比赛其实就是供省队挑选人才。

  当所有射手都赛完之后，省队主教练将所有的靶纸收集起来，一张张地仔细端详。这时他发现了一张很有意思的靶纸，这张靶成绩并不理想，子弹大多偏离了靶心，但教练注意到一个有趣的细节：几乎所有的子弹都偏向同一个方向——右上方。这说明这位选手的技术动作肯定有大问题，但同时，非常集中的着弹点又说明射手的稳定性非常好，而稳定性对于一个射击选手来说是非常重要的。

  事后，那位选手出人意料地进入了省队，不久又进入了国家队，

并且为中国奥运代表团实现了奥运金牌零的突破，他就是许海峰。

　　每个人都会有自己的缺陷，缺陷有时也有它的价值，发现一个人的缺陷并不难，但要从缺陷中发现他的独特的优势可就太难了。在现实生活中，一个优秀的人往往是优点与缺点一样突出，如果我们只是盯着他的缺陷，人才就会从我们手中溜走。发现人才不仅需要明察秋毫，更要独具慧眼。

耐心的母亲

爱迪生1847年出生于美国俄亥俄州的迈兰的一个荷兰移民家庭。

爱迪生从小就特别爱问"为什么"，喜欢对一个问题追根究底地问个明白。

有一次老师讲一位数的加法，同学们都认真听讲，爱迪生突然举手问老师："二加二为什么等于四？"老师被问得张口结舌，一时难以回答他的问题。父亲也常常被他问得无言以对，只好拍拍儿子的脑袋瓜说："去，问你妈去！"只有妈妈能够回答他那些奇怪的问题。

在学校，爱问问题的爱迪生经常让老师很恼火，因此老师有时候训他，甚至打他。爱迪生心里不高兴，成绩总是没有提高。老师把爱迪生的妈妈找来，当面数落她的儿子："他脑子太笨了，成绩差得一塌糊涂，总是爱问一些不着边际的问题。我们真教不好你这样的儿子。"

　　爱迪生的妈妈听了，觉得是老师不理解儿子，问题多是因为孩子爱思考，好奇心强，求知欲旺盛。她相信儿子的智力没有问题，而且比别人的孩子还要聪明很多。于是，她毅然对老师说："既然这样，我就把我儿子带回家吧，我自己来教他。"老师听得愣住了，他实在不能理解这个"奇怪"的孩子，还有他"奇怪"的母亲。

　　从此，爱迪生的母亲就当起儿子的家庭教师。对于儿子那些

稀奇古怪的问题，只要她知道的，她就努力回答；不知道的，她就让儿子去看书。

当她发现儿子对物理化学很感兴趣后，就给儿子买了本《派克科学读本》，她还劝丈夫把家里的小阁楼改造成儿子的小小实验室。

就这样，在这个不怕被问"为什么"的母亲的教育下，爱迪生虽然没有在学校读过几年书，却搞出许多伟大的发明，为人类社会的发展作出了极大的贡献。

生活中像爱迪生一样喜欢问问题的孩子其实有很多，他们的小脑瓜总是装满了"为什么"，许多人都习惯对孩子那些异想天开、稀奇古怪的问题不加理会，或者轻易否定。爱迪生的妈妈却认真地对待、细心地回答孩子的每一个问题，这对培养孩子的想象能力、思维能力有很大帮助，使孩子强烈的求知欲望和好奇心不至于泯灭，从小就养成了勤于思考、勇于探索的习惯。

爱迪生一生的成就就是对此非常好的佐证。

鼓励的力量

爱因斯坦是现代最伟大的物理学家，人们称他为 20 世纪的哥白尼、20 世纪的牛顿。他在物理学的许多领域中都有重大的贡献，其中最重要的是提出了狭义相对论，并在这基础上推广为广义相对论。爱因斯坦发展了量子论，于 1921 年获诺贝尔物理学奖。

爱因斯坦小的时候，并不是一个天资聪颖的孩子，相反，已

满四岁的爱因斯坦还学不会说话，人们都怀疑他是个"低能儿"。但是，担任电机工程师的父亲，却没有对儿子失去信心，他想方设法地让爱因斯坦发展智力。他为儿子买来积木，教他搭房子。小爱因斯坦每搭一层，父亲便表扬和鼓励他一次。在这种激励下，爱因斯坦一直搭到了十四层。

上学后，爱因斯坦仍然显得很平庸，学校的老师曾向他父亲断言说："你的儿子将一事无成。"大家的讽刺和讥笑，让爱因斯坦十分灰心丧气，他甚至不愿去学校，害怕见到老师和同学。但是父亲却鼓励他："我觉得你并不笨，别人会做的，你虽然做得一般，却并不比他们差多少，但是你会做的事情，他们却一点都不会做。你表现的没有他们好，是因为你的思维和他们不一样，我相信你一定会在某一方面比任何人都做得好。"父亲的鼓励，使爱因斯坦振作起来。

爱因斯坦的母亲贤惠能干，文化修养极高，她对自己的儿子百般呵护和鼓励。爱因斯坦小时候常常爱提出一些怪问题。如指南针为什么总是指向南方？什么是时间？什么是空间？别人都以为他是个傻孩子。

有一次母亲带他到郊外去游玩，别的亲友家的孩子，有的游泳，有的爬山，只有爱因斯坦一个人默默地坐在河边，静静地凝视着湖

面。

这时，亲友们悄悄地走到爱因斯坦母亲的身边，忐忑不安地问道："您的孩子为什么总是一个人对着湖面发呆？是不是有什么毛病？还是趁早带他去医院检查检查吧。"可是爱因斯坦的母亲却十分自信地对他们讲："我的小爱因斯坦没有任何毛病，你们不了解，他不是发呆，而是在沉思。他将来一定是位了不起的大学教授。"

父母的鼓励和爱护使爱因斯坦的智力迅速发展。有一次，爱因斯坦生病了，本来沉静的孩子更像一只温顺的小猫，静静地蜷伏

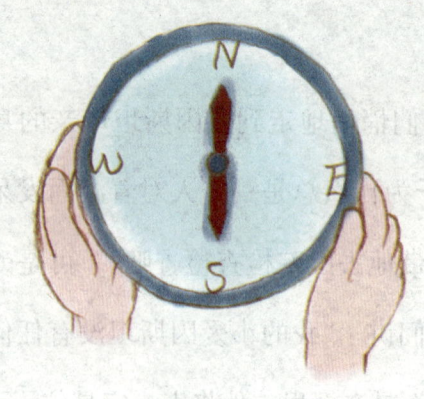

在家里，一动也不动。父亲拿来一个小罗盘给儿子解闷。爱因斯坦的小手捧着罗盘，只见罗盘中间那根针在轻轻地抖动，指着北边。他把盘子转过去，那根针并不听他的话，照旧指向北边。爱因斯坦又把罗盘捧在胸前，扭转身子，再猛扭过去，可那根针又回来了，还是指向北边。不管他怎样转动身子，那根细细的红色磁针就是顽强地指着北边。

小爱因斯坦忘掉了身上的病痛，只剩下一脸的惊讶和困惑：是什么东西使它总是指向北边呢？这根针的四周什么也没有，是什么力量推着它指向北边呢？在爱因斯坦对罗盘的探索中，已经孕育了一颗伟大发现的种子。

从爱因斯坦的故事中，我们可以发现一个亘古不变的真理：

家长对孩子热切的期望、坚定的信心和无私的帮助，将是孩子成功的重要保证。做父母的应当善于发现孩子的长处，对于孩子喜欢的某件事，应当设法帮助他。

为人父母者，在任何时候，都不要放弃对孩子的希望和信心，尤其是在他们最困难的时候。

达尔文的想象力

达尔文是英国生物学家，进化论的奠基人。达尔文在剑桥大学毕业后，乘贝格尔舰作了历时 5 年的环球航行，对动植物和地质结构等进行了大量的研究和采集。1859 年，达尔文出版了《物种起源》这一划时代的著作，在生物科学上完成了一次革命。

达尔文从小就爱幻想，他热爱大自然，尤其喜欢打猎、采集矿物和动植物标本。他的父母十分重视和爱护儿子的好奇心和想象力，总是千方百计地支持孩子的兴趣和爱好，鼓励他去努力探索，这为达尔文写出《物种起源》这一巨著打下了坚实的基础。

有一次，小达尔文和妈妈到花园里给小树培土。妈妈说："泥土是个宝，小树有了泥土才能成长。别小看这泥土，是它长出了青草，喂肥了牛羊，我们才有奶喝，才有肉吃；是它长出了小麦和棉花，我们才有饭吃，才有衣穿。泥土太宝贵了。"

听到这些话，小达尔文疑惑地问："妈妈，那泥土能不能长出小狗来？"

　　"不能呀！"妈妈笑着说，"小狗是狗妈妈生的，不是泥土里长出来的。"

　　达尔文又问："我是妈妈生的，妈妈是姥姥生的，对吗？"

　　"对呀！所有的人都是他妈妈生的。"妈妈和蔼地回答他。

　　"那最早的妈妈又是谁生的？"达尔文接着问。

　　"是上帝！"妈妈说。

　　"那上帝是谁生的呢？"小达尔文打破沙锅问到底。

　　妈妈答不上来了。她对达尔文说："孩子，世界上有好多事情对我们来说是个谜，你像小树一样快快长大吧，这些谜等待你去解呢！"

　　达尔文七八岁时，在同学中的人缘很不好，因为同学们认为他经常"说谎"。比如，他捡到了一块奇形怪状的石头，就会煞有介事地对同学们说："这是一枚宝石，可能价值连城。"同学们哄堂大笑，可是他并不在意，继续对身边的东西发表类似的另类看法。

还有一次，他向同学们保证说，他能够用一种"秘密液体"，制成各种颜色的西洋樱草和报春花。但是，他从来就没有做过这样的试验。

久而久之，老师也觉得他很爱"说谎"，就把这个问题反映到了达尔文的父亲那里。父亲听了，却不认为达尔文是在撒谎，而是在想象。

有一次，达尔文在泥地里捡到了一枚硬币，他神秘兮兮地拿给他的姐姐看，并一本正经地说："这是一枚古罗马硬币。"姐姐接过来一看，发现这分明是一枚十分普通的 18 世纪的旧币，只是由于受潮生锈，显得有些古旧罢了。

对达尔文"说谎"，姐姐很是恼火，便把这件事告诉了父亲，希望父亲好好教训他一下，让他改掉令人讨厌的"说谎"习惯。可是父亲听了以后，并没有在意，他对女儿说："这怎么能算是撒谎呢？这正说明了他有丰富的想象力。说不定有一天他会把这种想象力用到事业上去呢！"

达尔文的父亲还把花园里的一间小棚子交给达尔文和他的哥哥，让他们自由地做化学试验，以便使孩子们的智力得到更好的发展。

达尔文十岁时，父亲还让他跟着老师和同学到威尔士海岸去度过三周的假期。达尔文在那里大开眼界，观察和采集了大量海生动物的标本，由此激发了他采集动植物标本的兴趣。

没有好奇心，没有想象力，就没有今天的"进化论"。而达尔文的父母最成功之处就在于特别注意爱护儿子的想象力和好奇心。

母亲的努力

　　莫泊桑是 19 世纪后半期法国优秀的批判现实主义作家。他一生创作了 6 部长篇小说和 300 多篇中短篇小说。他的文学成就以短篇小说最为突出，被誉为"短篇小说之王"，对后世产生了极大影响。其作品以布局结构的精巧、典型细节的选用、叙事抒情的手法以及

行云流水般的自然文笔，成为后世作家的楷模。

　　莫泊桑并没有一个和睦的家庭，他的父母感情不和，父亲是一个商人，而母亲却是一个书香门第的大家闺秀。

　　莫泊桑很小的时候，他的父母就分居了。莫泊桑跟着母亲生活，他们住在海边的一座别墅里。

　　幼年的莫泊桑还体会不到家庭不幸的痛苦，整日无忧无虑，又聪明又活泼，母亲看在眼里，非常欣慰。

　　母亲非常爱自己的儿子，并对他抱有很高的期望。她亲自教他读拉丁文，启发鼓励他写诗。但是，她常常看着儿子出神地想，仅仅靠自己教育儿子是远远不够的。想要儿子成才，必须给他找一个好老师。这样，也可以弥补她没有给儿子一个幸福家庭的愧疚。

　　于是，母亲开始到处打听，给儿子寻找一个好老师。莫泊桑的舅舅是一位诗人和小说家，和当时的大文豪福楼拜曾是好朋友。由于这层关系，莫泊桑的母亲也和福楼拜比较熟。她有一天忽然想，如果让福楼拜来做儿子的老师，多好啊！

　　但是，福楼拜哪能轻易就给一个普通孩子做老师呢？母亲在房间里踱来踱去，决心尽最大努力，争取让福楼拜教导儿子。

　　于是，她开始加紧对儿子学习的指导，培养他对文学更深的爱好，不失时机地鼓励儿子多写东西，而儿子一旦写了，她就仔细地保存下来，哪怕有时只是一些散乱的片断。因为她希望有朝一日能够拿给福楼拜看，得到他的指点。

　　莫泊桑看到母亲如此认真地对待自己的"作品"，不好意思写一些敷衍了事的诗歌或文章给母亲留着——那样实在太丢脸了！因此，他常常独自在房间里苦苦思索，或者去海边散步寻找灵感，或者读一些大家的作品充实自己。就这样，他的进步越来越大。

　　没有找到福楼拜做老师之前，母亲为儿子找的老师叫布耶，

也是当地一个有名的人物，并且，他和福楼拜也是好朋友。

莫泊桑母亲的一番苦心，老师布耶时常看在眼里，非常为之感动。他有一次正好要去拜访福楼拜，想到莫泊桑母亲的心愿，他就带上了孩子一起去。临行前，母亲把莫泊桑的作品挑出一些让他们带上，希望可以得到大师的指点。

果然，到了福楼拜家以后，福楼拜很认真地看了这些诗作，和他们一起分析，而且还提出了自己的意见。最后，他还爽快地答应收莫泊桑做自己的学生。

莫泊桑欢快地跑回家，兴奋地告诉了母亲这个好消息。母亲

一边在胸前划着十字，一边忍不住流下了激动的眼泪。是啊，她的心愿终于实现了！

后来，在福楼拜的严格要求和精心指点之下，莫泊桑成功地走上了文学之路。

福楼拜和莫泊桑的师生之谊，是世界文坛上的一段佳话，可是又有多少人知道这背后隐含着一位母亲的良苦用心呢！

纵观古今中外，有所作为的人大多都有一两个好老师的教导。遇到好老师不仅仅是靠运气，有时候还需要像莫泊桑的母亲这样，努力去争取。

"坏学生" 的天赋

　　毕加索是世界上最具影响力的现代派画家，作为艺术革新家载入世界艺术史册。他利用了西方现代哲学、心理学、自然科学的成果，吸收了非洲艺术和民间艺术的营养，充分发挥自己的想象力，创造出有表现感的艺术语言，对于西方及世界20世纪艺术有极大的推动。他的极端变形和夸张的艺术语言，被人们称为"破坏的形式"。

　　毕加索从小就很有艺术天赋，他会做惟妙惟肖的剪纸，还创作了许多惊人的绘画作品。左邻右舍都赞叹不已，称毕加索为天才。

　　然而，这个"天才"却不是一个优秀的学生，上课对于他来讲简直就是折磨，听课时他不是漫无边际地幻想，就是看着窗外的大树和鸟儿，而且他似乎永远都学不会枯燥无味的算术。

　　他无奈地对父亲说："一加一等于二，二加一等于几，我脑子里根本就没去想。不是我不努力，我拼命想集中自己的注意力，可就是办不到。"

为此，他成了同学们捉弄的对象，他们喜欢跑到毕加索的课桌前，逗他玩："毕加索，二加一等于几？"然后看着毕加索呆呆的样子哈哈大笑。

老师也认为这孩子智力低下，根本没法教。他经常在毕加索父母面前，绘声绘色地描绘毕加索的"痴呆"症状。

毕加索的母亲听了又羞又恼，觉得无脸见人。左邻右舍也不

再为他的绘画天赋叫绝，而私下议论说："瞧那呆头呆脑的样，只会画几幅画有什么用。"当时，几乎所有的人都认为：毕加索是一个傻瓜。

面对风言风语的议论和嘲笑，毕加索的父亲仍然坚定不移地相信：儿子虽然读书不行，但是绘画是极有天赋的。他对孩子有真正的理解和赏识。他对儿子说："不会算术并不代表你一无是处，你依然是个绘画天才。"

小毕加索看着父亲坚毅的面孔，找回了一些自信。果然，毕加索总是似乎毫不费力就能绘出才华横溢的图画，也渐渐忘记了自己功课方面的"无能"。

但是，嘲讽却并没有就此停息，反而愈加猛烈。小毕加索脆弱的心灵蒙上了阴影，他变得不爱说话了，更不爱和小伙伴们一起玩耍。这个时候，父亲每天坚持送儿子去上学，一到教室，父亲便把画笔和用做模特的死鸽放在课桌上。

父亲成了儿子强有力的心理依靠，似乎离开了父亲，毕加索根本没有勇气去面对生活，以至每天上学，必须得到父亲会来接他回家的承诺后，毕加索才会松开父亲那温暖的手。

作为"坏学生"，在学校关禁闭已成了毕加索的家常便饭，禁闭室里只有板凳和空空的墙壁，可是毕加索却很高兴：因为他可以

带上一叠纸，在那里自由地绘画。有了父亲的支持，毕加索每天都沉浸在想象的天地里，虽然功课不好，但他却在绘画的天地里找到了快乐。

正是由于父亲的坚持和赏识，拯救了毕加索幼小的心灵，培养出了一代绘画大师。

你的欣赏很重要

在 19 世纪末美国密苏里的一个小镇上，有个劣迹斑斑的坏孩子，镇上的其他孩子，都被禁止和他来往。坏孩子 9 岁时父亲再婚，他对继母自然充满敌意。婚后，父亲指着坏孩子对新夫人说："你千万要提防他，他是全镇最坏的孩子。"

然而，继母却微笑着摸摸坏孩子的头，责怪自己的丈夫："你怎么能这么说呢？他应该是全镇最聪明最快乐的孩子才对。"

继母的话深深地打动了坏孩子，因为即使是他的生母，也没有这样欣赏过他。他开始在继母的关爱下努力学习。很多年后，他创造了成功的 28 项黄金法则，帮助千千万万的普通人走上成功之路——他就是美国当代著名的企业家、欣赏教育大师戴尔·卡耐基。

父母和老师，常常是孩子人生中最初的伯乐，所以，你们的欣赏对孩子真的很重要。陶行知老先生曾说过："你的教鞭下有瓦特，你的冷眼里有牛顿，你的讥笑中有爱迪生。

你别忙着把他们赶跑。你可不要等到坐火轮、点电灯、学微积分，才认识他们是你当年的小学生。"所以，要以欣赏的眼光善待你身边的人和事，一个善意的赞赏，可能对他人产生极大的动力。"毁灭人只要一句话，培植一个人却要千句话，请你多口下留情。"多一些鼓励和欣赏，少一些指责和训斥，也许就使他的人生更精彩！

诸葛亮三气周瑜

赤壁一战，孙刘联军大胜，曹操败走。孙刘两家此时为各自利益都盯住了荆襄之地。

刘备没有领地，急欲取荆襄之地为基业，而孙权也想全取荆襄，这样可以全据长江之险，与曹操抗衡。刘备和诸葛亮屯兵于油江口，准备夺取荆州。

周瑜见刘备屯兵，知道他有夺取荆州的意思，便亲自赴油江与刘备谈判，而且打定主意谈判若是破裂，就先打刘备，再取南郡。

诸葛亮识破了周瑜的意图，与刘备定下应对之计，命令军队在油江口摆开战船，岸上排列军马。

周瑜一上岸，看到军势雄壮，心中不安。

刘备设宴款待周瑜。周瑜客套一番之后，说："你在这里屯兵，莫非有攻取南郡的意图？"

刘备说："听说你要夺取南郡，所以特来帮助，若是你攻不下来，我一定要拿下南郡！"

周瑜被刘备一激，当即说："我若攻不下来，那时由你去取。"

周瑜回去之后，立即发兵，攻打南郡。哪知曹操在败退途中已经给南郡的守将曹仁授予了抗击周瑜的密计。结果周瑜中计，不但没有攻下南郡，反而吃了一箭，身受重伤。

这时诸葛亮却乘虚而入，派赵云攻占了南郡。同时，诸葛亮

又用计调出荆州守军和襄阳守军，夺取了荆州和襄阳，令刘备有了自己的领地。

周瑜知道后，十分愤怒："不杀诸葛村夫，怎息我心中怨气！"

刘备取了荆州之后，周瑜派鲁肃去讨说法，刘备狡辩道：荆州原是刘表的地盘，如今刘表虽然死了，可是他儿子还活着，我做叔叔的辅佐侄子取回自己的地盘怎么不行？

这听起来似乎有理。

不久，刘表之子刘琦死了。鲁肃再去讨荆州，诸葛亮又一席强辩，说刘备是皇族，本来就应该有土地，何况刘备还是刘表的族兄，这是弟承兄业，更何况刘备在赤壁之战中也曾出力之类的话，令鲁肃这个老实人不知道如何应答。

到最后，刘备又借口说，若将荆州给了东吴，他就没有安身之地，先借用一下，等他攻下西川，便将荆州交还，并且立了文书，交鲁肃带回。

恰巧此时，刘备的夫人去世了，周瑜便鼓动孙权用嫁妹（孙尚香）之计将刘备骗往东吴，伺机杀掉他，继而夺取荆州。此计又被诸葛亮识破，便将计就计让刘备与孙尚香成了亲。

岁末年终，刘备依诸葛亮之计偕夫人几经周折离开东吴时，周瑜亲自带兵追赶，却被关羽、黄忠、魏延等追得无路可走，蜀军

岸上兵士齐声大喊："周郎妙计安天下，赔了夫人又折兵！"把周瑜气得再次金疮迸裂。

过了一段时间，刘备丝毫没有攻取西川的迹象，曹操为了瓦解孙刘联盟，表奏周瑜为南郡太守，程普为江夏太守。于是，周瑜再遣鲁肃去讨荆州。诸葛亮再次狡辩一番，为自己找理由。

周瑜设下"假途灭虢"之计，名为替刘备收取西川，其实是夺荆州。周瑜的箭疮渐渐平复，便亲自带领水陆两路大军往荆州进发。

不料，此计又被诸葛亮识破。上岸不久，就有几路人马杀来，都高喊着"活捉周瑜"，周瑜大叫一声，坠下马来，箭疮又裂开。左右忙将他救起，送回船去。

军士们传说："刘备、诸葛亮在前山顶上饮酒取乐。"

周瑜听了大怒，咬牙切齿地说："你以为我取不到西川，我发誓要将它攻下！"他当即传令：继续西进，攻取西川！

军队开到巴丘，又有人报告说，上游有刘备的刘封、关平二将领兵切断了水路。

周瑜气急败坏，进退两难。这时又得到报告：诸葛亮派人送书信来。

周瑜拆开一看，信中大意说：听说足下要取西川，我以为切切不可。西川民强地险，易守难攻。今劳师远征，转运万里，欲求成功，虽孙武不能。曹操刚于赤壁失利，片刻不忘报仇；今足下兴兵远征，倘曹操乘虚而入，江南必化为一片焦土矣！我不忍坐视，特此告知。

周瑜看后，气得箭疮再次迸裂，昏沉将死，临终前，他仰天长叹：

"既生瑜，何生亮！"

一代英雄周瑜，英年早逝。凭周瑜之才，如果其气量宽宏，本可成就更大的事业，无奈其只知嫉妒诸葛亮，白白浪费了自己的生命，可悲，可叹！

学会欣赏自己

孔雀因为大家都爱听黄鹂唱歌，而自己的歌声只会招致嘲笑而苦恼，就向上帝诉说心中的苦闷。

上帝对它说："我的孩子，别忘了，你的颈项间有着如翡翠般熠熠生辉的羽毛，你的尾巴上有华丽的尾翼，所以你是很出色的。不要心存嫉妒。"

孔雀仍不满足："可是在唱歌这一项上有人超过了我，像我这样，跟哑巴有什么区别？"

上帝回答道："命运之神已经公正地分给你们每样东西，你拥有美丽，老鹰拥有力量，黄鹂能够唱歌，喜鹊报喜，乌鸦报凶。这些鸟，它们都很满意我对它们的赐予。"

得到上帝的答复，孔雀终于满意了，张开翅膀飞下天来。

自此以后，当它想在人们面前展示自己的时候，就会亮出自己的羽毛。

　　如果上帝没有及时为孔雀打开心结，恐怕它仍然会为黄鹂的歌声比自己动听而闷闷不乐，却忽略了自己的美丽其实也是黄鹂所羡慕的。

最好的伯乐是自己

意大利画家达·芬奇做学徒的时候，才华深藏未露。当时，他的老师是个很有名望的画家，年老多病，作画时常感到力不从心。

一天，他要达·芬奇替他画一幅未完的作品，年轻的达·芬奇只是个学徒，他十分崇敬老师的为人和作品，他根本不敢接受老师的任务。他缺乏自信，更害怕把老师的作品毁了。可是，这位老画家不管达·芬奇怎么说，一定要让他画。

最后，达·芬奇战战兢兢地拿起了画笔。很快，他进入了人画两忘的境界，内心的艺术感受喷薄而出。画完成后，老画家来画室评鉴他的画，当他看到达·芬奇的作品时，惊讶得说不出话来。他把年轻的达·芬奇抱住："有了你，我从此不用作画了。"

从此以后，达·芬奇找回了自信，他的才能得到最大限度的发挥，终成一代大师。

达·芬奇的故事告诉我们，人有时候并不了解自己。在一项充满挑战的工作面前，大多数人会觉得自己不配，没有本事，没有

能力去完成，这样我们就会永远活在自己设置的阴影里。其实，尝试可以使我们发现自己生命中优秀的潜能。

每个人的生命都潜藏着许多自己也不知道的能量，如果不去尝试，这些能量永远也没有机会大放异彩。只要我们勇敢地向前走

一步，那些像火山一样炙热的才能也许会喷薄而出。世上许多美好的东西最初有时只是一次不经意的尝试。

所有失败都陷于半途而废的泥潭，而所有成功的人几乎都从倦怠的泥潭中突围出来。世上没有等来的伯乐，最好的伯乐往往是你自己。

最优秀的人是你自己

据说，苏格拉底在风烛残年之际，知道自己时日不多了，就想考验和点化一下他的那位平时看来很不错的助手。

他把助手叫到床前说："我的蜡所剩不多了，得找另一根蜡接着点下去，你明白我的意思吗？"

"明白。"那位助手赶忙说，"您的思想光辉是得很好地传承下去……"

"可是，"苏格拉底慢悠悠地说，"我需要一位最优秀的传承者，他不但要有相当的智慧，还必须有充分的信心和非凡的勇气……这样的人选直到目前我还未见到，你帮我寻找和发掘一位好吗？"

"好的，好的。"助手很温顺很尊重地说，"我一定竭尽全力地去寻找，不辜负您的栽培和信任。"

苏格拉底笑了笑，没再说什么。那位忠诚而勤奋的助手，不辞辛劳地通过各种渠道开始四处寻找了。可他领来一位又一位，都被苏格拉底一一婉言谢绝了。

当那位助手再次无功而返，回到苏格拉底病床前时，病入膏肓的苏格拉底硬撑着坐起来，抚着那位助手的肩膀说："真是辛苦你了，不过，你找来的那些人，其实还不如你……"

"我一定加倍努力，"助手言辞恳切地说，"找遍城乡各地，找遍五湖四海，我也要把最优秀的人选挖掘出来，举荐给您。"苏格拉底笑笑，不再说话。

半年之后，苏格拉底眼看就要告别人世，最优秀的人选还是没有眉目。

助手非常惭愧，泪流满面地坐在病床边，语气沉重地说："我真对不起您，令您失望了！"

"失望的是我，对不起的却是你自己。"苏格拉底说到这里，很失意地闭上眼睛，停顿了许久才又不无哀怨地说，"本来，最优秀的就是你自己，只是你不敢相信自己，才把自己给忽略、给耽误、给丢失了……其实，每个人都是最优秀的，差别就在于如何认识自己，如何发掘和重用自己……"

话没说完，一代哲人就永远离开了他曾经深切关注着的这个世界。那位助手非常后悔，甚至后悔、自责了整个后半生。

为了不重蹈那位助手的覆辙，每个向往成功、不甘沉沦的人，都应该牢记先哲的这句至理名言："最优秀的就是你自己！"

发现自己的优点

有一个青年，理想非常远大，来到巴黎准备先找一份工作，然后创出一番自己的事业。

青年父亲的朋友也在巴黎，所以青年先找到了他。"数学精通吗？"父亲的朋友问他。青年摇摇头。

"那么历史和地理怎么样？"青年还是摇摇头。

"法律总该懂一些吧？"青年低下了头不说话了，他忽然发现自己一点儿优点和长处都找不出来，如何做出伟大的成就。

"那你先把住址写下来吧，如果有合适你的工作我就去通知你。"青年垂头丧气地写下了自己的住址，转身要走。

然而这时，父亲的朋友一下把他拉住了，微笑着对他说："你的名字写得很漂亮嘛，这就是你的优点啊，你不该只满足找一份糊口的工作。"这个青年一下子又找回了激情与希望，重新振作起来。

几年以后，这个青年果然在文字方面创造了巨大的辉煌，写出了享誉世界的经典作品。他就是家喻户晓的法国 18 世纪著名作

家大仲马。

　　一个人的理想和野心时常被自卑所阻碍，从而渐渐地失去了曾经的凌云壮志。然而事实上，每个人都有自己的优点和长处，只不过有时候我们没有发现它罢了。把自己看做是一个蕴藏着巨大财富的金矿，只要肯挖掘，付出努力，梦想就一定能实现。

东方朔吓侏儒

东方朔从小喜欢读书，又很诙谐。汉武帝即位初年，朝廷广求文士，东方朔也前往长安，上书自荐。

汉武帝读了他的文章后，连称奇文，令他待诏公车。

东方朔奉命留在京都，每日前往公车处领取钱米，但只够一日三餐，有时还要自己补贴一些费用。

一晃很长时间过去了，仍不见诏，东方朔急得坐卧难安。

一天，他出外游玩以解烦恼，忽然看见一群侏儒从旁边经过。东方朔灵机一动，计上心来。

他立即跑上前去，拦住侏儒，对他们说："你们死到临头，还如此自在！"

侏儒听后，大吃一惊，忙问："此话从何说起？"

东方朔颇为神秘地说："我听说朝廷召你们入京，名为侍奉天子，实是设法除掉。仔细想想，你们一不能为官，二不能为农，三不能为兵，无益国家，徒耗衣食，倘若一律处死，可省多少食用？朝廷因怕诛杀无名，所以将你们诱入都城，暗中加刑。"

侏儒们顿时被吓得大惊失色，脸色苍白。

东方朔一见，心中暗喜，又装作关心的样子说道："你们不要慌张，我看你们也觉得可怜，现在有一个办法，你们若能依我，便可免死。"

侏儒们忙问什么方法。

东方朔答道："你们等待御驾出来，便去叩头喊冤，如天子问起，就说是我东方朔说的。如此，便可无事。"

　　侏儒们信以为真，自此每天在宫门候驾。好不容易等到汉武帝出宫，便一齐跪在驾前，大呼冤枉。

　　汉武帝感到十分奇怪，忙问原因。

　　众人齐道："东方朔传言，说陛下要将我们都杀死，故来喊冤。"

　　汉武帝素知东方朔机敏，听后说道："朕本无此意，你等放心退下，朕定找东方朔问个明白！"

　　侏儒听后，这才放心离去。

　　汉武帝回宫后，不知东方朔用意何在，于是命人召东方朔。

　　东方朔听说皇帝召见，立即来到宫中，拜见汉武帝。

　　汉武帝怒道："你目无王法，为何恫吓侏儒？"

　　东方朔跪道："臣要进言，侏儒身长三尺，朔身长九尺余，我

们却每日领一样多的钱粮。侏儒饱后撑得要死，而臣吃不饱饿得要死。臣以为陛下求才，可用即用，不可用即令归家，不要让我在长安索米，忍受饥饿之苦！"

汉武帝闻言，不禁大笑，遂令他待诏金马门。金马门本在宫内，极易见到皇帝，待遇也好。东方朔领命，辞谢而去。

勇于优秀

这是一个会计的故事。

韩颖离开工作了 9 年的海洋石油总公司，丢掉铁饭碗，正式加入了惠普（中国）公司，在财务部工作。

那年，她已经 34 岁，面对异议，她说：人生什么时候改变都不会晚。

一进惠普公司，韩颖就来了一次大动作。

那是 20 世纪 80 年代末，员工没有工资卡，每次发放工资都由两个人手工完成。同事负责点钱，韩颖负责核实。300 多人的工资，当时又没有百元大票，厚厚一叠钞票，一个一个核实，数得她头晕眼花。韩颖暗自想，每年每月都如此发工资，既浪费时间，又容易出错，有什么办法呢？

又是紧张的一天。下班了，韩颖疲惫不堪。路过公司附近的一间银行时，她突然灵光一闪。次日一大早，韩颖找到银行负责人，希望能为公司 300 多位员工开户。

"我将每月的工资总数直接存到银行，员工凭折子领取工资。"

负责人有些犹豫。

韩颖道："这样银行会有一笔数目不小的存款，有百利而无一害，是好事啊。"

负责人经不起她的再三劝说，终于点了头。

第二个月发工资的日子到了，韩颖兴奋地在财务部外面贴了张告示，告诉大家今后领工资不用排队等候了，直接拿着折子，到下面的银行领取就行。

　　事情的发展并不顺利。每个拿到折子的员工似乎都不太满意，在财务科外站着，面有愠色地议论纷纷。韩颖心里正忐忑不安，直属领导传人来找她了。

　　一跨进办公室，她就被批评了一顿，领导说她犯了两大错误：一是为自己轻松，让300多个员工自己取钱，自私；二是贴大字报搞宣传。不经上级同意就擅自行事，放肆。领导声色俱厉地让她回去检讨自己。

　　韩颖回到财务室。努力忍住不让眼泪掉下来。难道自己真的做错了？

正在这时，上层的外方领导也传话来了。韩颖进去，看见对方赞许的笑脸。他肯定地说："你改写了公司5年手发工资的历史，这种勇气和创新精神非常值得嘉奖！"

那一天，成为韩颖职场生涯的转折点，她因此被评为惠普公司年度优秀职员。在大会上，她意气风发地说："好的设想常常被

扼杀在摇篮里，但这绝对不是你变得平庸的真正原因。永远不要害怕改变，改变里就有契机，它会让你成熟，更了解自己的能力极限。只要你是一只绩优股，投资者总会认识你，认可你，并且长久地支持你。"

再回头，让我们看看韩颖迄今为止的人生履历表：

她15岁下乡，24岁招工回城，分配在天津渤海石油公司运输大队做汽车修理工。五十铃轮胎与她肩膀同高，累得她筋疲力尽。回到家，她仍抓紧时间学习会计学，并因业绩突出被调入中国海洋石油总公司。

她27岁进入厦门大学学习西方会计专业，在3年的学习期间还编译了一本140万字的英汉、汉英双解会计词典，是当时国内第一本西方会计工具书。

她34岁进入惠普(中国)公司,38岁出任公司中国区财务经理,41岁任公司中国区首席财务官和业务发展总监,47岁当选亚洲最佳CFO，后来她又成为英国著名的杂志《ASIA CFO》的封面人物，被该杂志评为"亚洲CFO融资最佳成就奖"，是此奖设立以来获奖的中国第一人。

韩颖改变的不只是银行折子的功用，而是自己的一生。她的办公室挂着一幅公司送给她的梅花图，书写着遒劲有力的4个大字：

"傲骨生香"。

何来傲骨？是十分的努力成就了十分的自信，才酿就这份洒脱和芬芳。正如杨澜所说："优秀女人的力量不是来自于手中的权力，而是来自她们的意志与智慧。她们与很多人的差异是：勇于优秀。"

一言救世界

一个喜爱足球的女孩，考了许多年都没有被足球队录取。按照身体条件，她真的不是很优越。

但是体校教练总是鼓励她："下次肯定能成功。"

后来，她终于进入了足球队。多年后，她成为中国女子足球

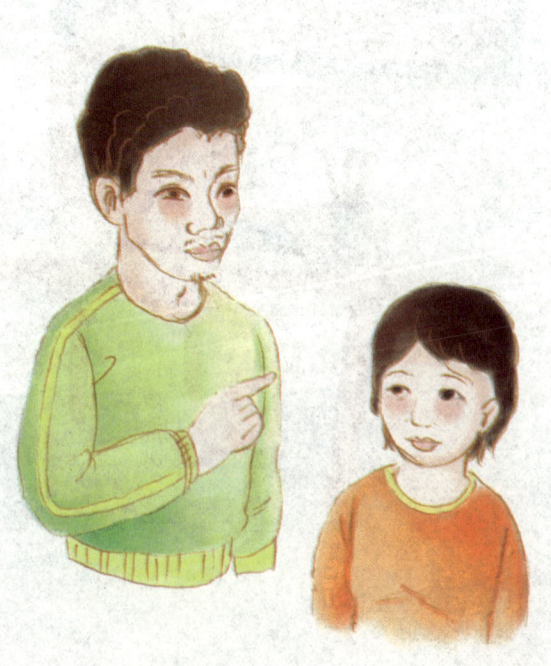

队的队长。

她就是孙雯。

一个身材矮小的女孩，喜欢上了乒乓球，所有的人都不看好她。
但是她的父亲对她说："你很优秀，真的。"

她后来成为乒乓球国手，她的名字叫邓亚萍。

也许没有人会说她们的成功就是那几句温馨的话的结果，但
是她们却说，那些话至今仍然记忆犹新。

美国通用电气公司首席执行官杰克·韦尔奇在他的自传中说：

自己的成功也许要归功于他英格兰籍的母亲。他小时候有口吃的毛病，那是一件多么糟糕又让人自卑的事。但是他的母亲对他说："孩子，这是因为你的嘴巴无法跟上你聪明的脑袋之故。"

他认为这是迄今为止他听到过的最妙的一句话。

一位年轻作曲家参加一个贵族聚会，他遭受了一位公爵的嘲笑，作曲家对此自卑不已。

　　他的朋友对他说：“这个世上的公爵有很多，而贝多芬只有一个。”

　　对了，年轻人就叫贝多芬，他后来谱出了流芳百世的音乐篇章。

　　真的别疏忽了你的语言，好言一句贵千金啊。它可以救起一个人的自信、尊严和灵魂，也可以救起它背后的一个大世界。

最好的伯乐是自己

　　世有伯乐，然后有千里马，千里马常有，而伯乐不常有。伯乐总是有限的，所以没被慧眼辨识的千里马数不胜数。没有伯乐，再好的千里马也只能落个拉车推磨终老一生的下场。不过，也不能一概而论。有的千里马，即使没有伯乐，也没有拉车推磨终老一生。因为他们志在千里、不甘平庸，所以他们想尽办法表现出自己的才能，进而脱颖而出。由此可见，即使没有伯乐，千里马依然可以成为千里马。

　　既然这样，那我们又何必非要等"伯乐"来赏识发现，让自己的才华在等待中消磨、颓废掉呢？毛遂可以自荐，东方朔能想办法引起汉武帝的注意，有了这些成功的例子，你还犹豫什么呢？芸芸众生中，只有那些敢于迈出一步的人，才更有机会被认识。所以说世上最好的伯乐永远是自己，关键是我们要对自己有信心，要有站出来的勇气。

　　世界上的千里马不只有一匹，世上优秀的人才也不可能只有一个，如果周瑜能够胸怀宽广一些，以欣赏的态度去对待诸葛亮，又怎能英年早逝，遗憾终生呢？生命是自己的，路在自己的脚下。世上没有专为一个人准备的伯乐，没有人天生应该为你做什么，与其等待伯乐，不如自己发现自己、挖掘自己、推销自己、完善自己。

请记住，世上最好的伯乐永远是你自己！